Bom dia!

»Madeira kann jedem etwas bieten. Die Insel hat so viele wunderschöne Orte«, meint Cristiano Ronaldo. Der Rekordspieler der portugiesischen Nationalmannschaft ist der bisher berühmteste Sohn der Insel. Mit seinem Namen wird man gleich bei der Ankunft auf dem internationalen Flughafen konfrontiert – er ist nach ihm benannt.

BLUMENINSEL IM ATLANTIK

Mit seiner Meinung über Madeira ist der Ausnahmefußballer nicht allein. 2023 wurde Madeira zum neunten Mal in Folge mit dem World Travel Award als bestes Inselreiseziel der Welt ausgezeichnet. Der tollen Strände wegen hat Madeira dieses Prädikat allerdings nicht bekommen, die gibt es nämlich nicht. Entscheidend war die sensationelle Naturlandschaft und die herrliche Vegetation. Viel Grün prägt die Insel. Etwa zwei Drittel der Inselfläche sind seit 1982 als Naturpark geschützt und weitgehend unbebaut. Sein Herzstück ist der einmalige Lorbeerwald, der rund 20% der Insel bedeckt und unter dem Schutz der UNESCO steht. Zudem sorgen fruchtbare Vulkanböden und ein fast subtropisches Klima dafür, dass in den vielen Gärten rund um Funchal Pflanzen üppig blühen, die im übrigen Europa nur in Gewächshäusern überleben können.
Nicht zuletzt deshalb ist auf Madeira das Wandern die größte Leidenschaft unserer Autorin Sara Lier – egal ob entlang der Levadas oder über die Bergspitzen, aber immer vorbei an Blumen oder Bäumen oder felsigen Aussichten.

PORTO SANTO — STRAND SATT

Was Sonnenanbeter auf Madeira vielleicht doch schmerzlich vermissen, hat die kleine Nachbarinsel Porto Santo ohne Ende. Hier gibt es einen herrlichen, 9 km langen Sandstrand. Doch sollte man Porto Santo nicht darauf reduzieren. Es existiert ein großes Angebot an Wassersportmöglichkeiten und sogar Wanderwege wurden angelegt. Warum nicht den Madeira-Aufenthalt mit einigen Tagen auf Porto Santo kombinieren?
Herzlich

Ihre

Birgit Borowski

Birgit Borowski
Redaktion DuMont Bildatlas

»GOTT SELBST HAT MADEIRA ALS FERIENORT GEPLANT.«

Bryce Naim, britischer Konsul auf Madeira, 1949

Wenn unsere Autorin Sara Lier von ihrem Wohnort bei Lissabon nach Madeira kommt, wandert sie am liebsten mit ihrer seit vielen Jahren dort lebenden Freundin Solli. Die kennt sich einfach überall bestens aus und hat sie auch zu diesen herrlichen gelben Blumen nahe der Boca do Risco geführt.
Auch Fotograf Georg Knoll war viel zu Fuß unterwegs. Nur so konnte er einige seiner schönsten Bilder schießen.

42

Im Zauberwald von Fanal wachsen uralte Lorbeerbäume.

22

Zur „Festa da Flor“, dem alljährlichen Blumenfest, verwandelt sich Funchal in eine bunte Blütenstadt.

80

Ein Paradies für Wanderer: die Ponta de São Lourenço

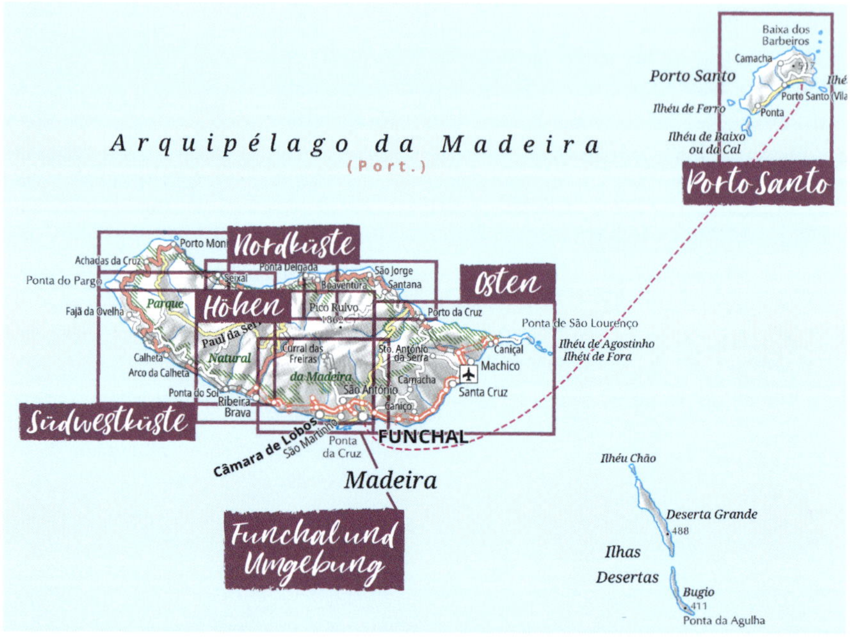

Auf Entdeckungsreise

• 7 •

MIT DER SANTA MARIA ZUM CABO GIRÃO

Leinen los! Der Nachbau des Kolumbuskahns schippert bis zur höchsten Steilklippe der Insel.
Seite 40

• 8 •

SEILBAHNFAHRT INS PARADIES

Zwischen Meeressaum und Steilklippe wartet die Fajã dos Padres mit Köstlichkeiten und Badesteg.
Seite 69

• 9 •

LAVASCHWIMMBECKEN IN PORTO MONIZ

Was gibt es Schöneres, als in ruhigen Lavapools zu baden, während hinter den Felsen der Atlantik tobt?
Seite 85

• 10 •

ABTAUCHEN AUF PORTO SANTO

Die Unterwasserwelt lockt mit großen Fischen und versunkenen Schiffen: Porto Santo ist ideal zum Tauchen, oder um es zu lernen!
Seite 113

Einfach köstlich

• 11 •

KASTANIENSPEZIALITÄTEN IM CURRAL DAS FREIRAS

Im Nonnental wachsen überall Kastanienbäume – und in den Cafés werden Köstlichkeiten aus „Castanhas" gezaubert!
Seite 56

• 12 •

KÖSTLICHE FLEISCHSPIESSE IN CHÃO DA RIBEIRA

Die Bauern dieses fruchtbaren Tals schätzen ebenso wie die müden Wanderer die saftigen Espetadas in der „Casa de Pasto".
Seite 85

GRÜNES NATURPARADIES

Schmale Terrassen schmiegen sich an die steilen Hänge, die sich fast senkrecht gen Himmel recken. Die Täler des feuchten Inselnordens sind saftig und fruchtbar. Noch immer widmen sich hier viele Madeirer der Landwirtschaft, darunter manche Städter auf der Suche nach Ruhe, sattem Grün und dem Geschmack selbst geernteter Feldfrüchte.

SILVER JUBILEE
CELEBRATION

UNBÄNDIGE WANDERLUST

Die besonders Sportlichen rennen bei den berühmten Trail-Running-Events quer über die Insel und legen dabei zig Kilometer und Hunderte von Höhenmetern zurück. Doch es geht auch beschaulicher: Wundervolle Wege laden zum Küsten-, Levada- oder Bergwandern ein, und die Vielfalt an Landschaften auf so kleinem Raum fasziniert. Eine sehr schöne Strecke zieht sich über die Landzunge Ponta de São Lourenço.

BLÜTEZEIT

Zur Festa da Flor ist Funchal üppig geschmückt – mit Orchideenausstellungen, bunten Blütenornamenten und Blumenrabatten zieht das Blumenfest im Frühjahr unzählige Besucherinnen und Besucher an. Höhepunkt ist der Umzug: Prächtig gekleidete „Blumenmädchen“ umtanzen überbordende Wagen – was für ein Spektakel!

O Jango

FUNCHALS ÄLTESTE GASSE

Die Rua de Santa Maria, eher Gasse als Straße, gehört zu den faszinierendsten der Stadt: Ein quirliger Mix aus Outdoor-Galerie, Restaurantmeile und Kneipenviertel. Früher war die Zona Velha eine schummrige Gegend mit verfallenden Häusern. Doch nach und nach zogen hippe Gastrobetriebe her, Dächer wurden neu gedeckt und Haustüren von Künstlern bemalt.

TRAUM AUS SAND UND FELS

Fast neun Kilometer ist er lang, der goldene Sandstrand von Porto Santo. Er ist der ganze Stolz der kargen Nachbarinsel Madeiras. Selbst im Hochsommer, wenn sich die Hotels füllen, findet sich hier immer noch ein freies Plätzchen. Die Ponta da Calheta mit der gegenüberliegenden schroffen Ilhéu da Cal markiert die südwestlichste Spitze des Strands.

CHURCHILLS IDYLLE

Auch Jahrzehnte nachdem sich Winston Churchill mit Pinsel und Staffelei ausgestattet an der Hafenbucht von Câmara de Lobos erfreute, entzückt der Blick auf das alte Fischerstädtchen. Schwarze Lavafelsen flankieren die schmale Bucht, in der Fischerboote auf ihre nächste Ausfahrt warten, und schmale Gässchen laden zum Bummeln ein.

Die spektakulärsten Wandertouren

BERGPFADE UND KÜSTENWEGE

Selbst wer zum zehnten Mal nach Madeira reist, wird Wege finden, die er noch nicht erwandert hat. Es gibt eine riesige Auswahl an Levadas, alten Verbindungswegen und Bergpfaden für Wanderer, und es werden immer mehr Wege erschlossen. Folgende Highlights sollten Sie – Kondition und Trittsicherheit vorausgesetzt – nicht verpassen!

1

6

1 Vom Pico do Arieiro zum Pico Ruivo

Höher als auf dieser Gipfeltour geht es auf Madeira nicht hinaus, und grandiosere Bergpanoramen werden Sie nirgendwo sehen! Vom Parkplatz des Pico do Arieiro geht es auf und ab, durch Tunnels und über schmale Himmelstreppen, immer wieder eröffnen sich herrliche Ausblicke in die tiefen Täler und über die Felsspitzen. Nicht selten wandern Sie auch über einem Meer aus Wolken. Nach rund drei Stunden erreichen Sie die Berghütte am Fuß des Pico Ruivo. Nach einer Rast sind die letzten Meter hinauf zur Gipfelkuppe des „Roten Berges“ schnell geschafft. Dann geht es über denselben Weg wieder zurück zum Pico do Arieiro. Hin und zurück legen Sie knapp 14 (anspruchsvolle) Kilometer zurück.

Markierung: Vereda do Arieiro (PR 1)

2 Die Wasserfälle von Rabaçal

Die wundervollen Wege in den Lorbeerwäldern rund um das bewirtschaftete Forsthaus von Rabaçal sind ein wahres Wanderparadies. Auf mehreren Ebenen wurden Levadas angelegt, über die Sie zu atemberaubend schönen Wasserfällen gelangen. Noch am wenigsten begangen ist der Pfad entlang der Levada do Alecrim und hinab zur Lagoa do Vento (mittel), während es am Risco-Wasserfall (leicht) und vor allem an den „25 Quellen“ (mittel) recht voll werden kann.

Markierungen:
Levada do Alecrim/Lagoa do Vento (PR 6.2)
Levada do Risco (PR 6.1)
Levada das 25 Fontes (PR 6)

3 Von Queimadas zum Caldeirão Verde

Die Levada do Caldeirão Verde führt vom idyllischen Forsthaus von Queimadas, das von riesigen Rhododendren umgeben ist, durch den dichten Lorbeerwald und mehrere Tunnel zum beeindruckenden Wasserfall des „Grünen Kessels“ (hin und zurück 13 km, mittel). Hinter jeder Kurve eröffnen sich neue, spektakuläre Aussichten ins Tal, und Sie fragen sich, wie die Menschen im 18. Jahrhundert wohl diese Levada in den Fels geschlagen haben. Wenn Sie ab dem Caldeirão Verde noch weiter wandern möchten: Folgen Sie den Markierungen zum „Höllenkessel“, so gelangen Sie über die 70 Meter höher gelegene Levada do Caldeirão do Inferno in die letzten Winkel des Tals der Ribeira Grande (insg. 6,5 km mehr, anspruchsvoll).

Markierung: Levada do Caldeirão Verde (PR 9)

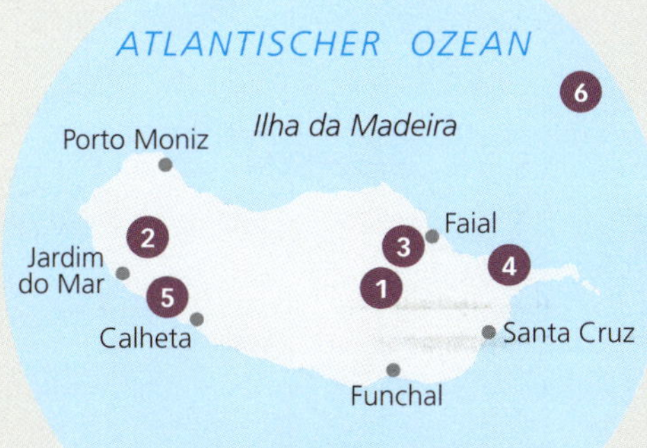

4 Am Abhang entlang – die Boca do Risco

Ein bisschen schwindelfrei müssen Sie schon sein, wenn Sie aus dem Tal von Machico über die Boca do Risco bis nach Porto da Cruz wandern wollen (insg. 12 km, anspruchsvoll) – der atemberaubende Küstensteig an der steilen Nordküste hat es nämlich in sich! Das erste Stück vom alten Caniçal-Tunnel in Machico entlang der Levada do Caniçal ist noch einfach, dann geht es hoch zur Boca do Risco. Hier, an der „Gefährlichen Öffnung", beginnt der Pfad entlang der Steilwand hoch über dem Meer – bis zu den ersten abgelegenen Häusern von Larano werden Sie mit wahrlich spektakulären Bildern belohnt. Dann wandern Sie vorbei an fruchtbaren Gärten und Ackerterrassen allmählich hinunter nach Porto da Cruz, wo Sie sich am Steinstrand oder im Meeresfreibad erfrischen können.

Keine offizielle Markierung. http://walkmeguide.com/de/madeira/trail/45/vereda-do-larano/

5 Über zwei Levadas im Tal von Ponta do Sol

Levadawanderungen haben ja oft den Nachteil, dass man am Ende denselben Weg zurückgehen muss. Hier nicht! Ab der Kapelle von Lombada da Ponta do Sol laufen Sie, wenn Sie schwindelfrei und trittsicher sind, über die Levada do Moinho tief hinein ins Tal von Ponta do Sol, über die teilweise recht ausgesetzte Levada Nova – eine Ebene höher – wieder hinaus (insgesamt rund 10 km, wegen teils fehlender Sicherungen eher anspruchsvoll). Unterwegs passieren Sie an der Levada Nova einen imposanten Wasserfall und durchschreiten einen 200 Meter langen Tunnel! Am Ende geht es durch die steile Siedlung Lombada da Ponta do Sol zurück zur Kapelle.

Markierung: Beide Levadas sind ausgeschildert, allerdings nicht als „PR" markiert. http://walkmeguide.com/de/madeira/trail/

6 Pico Branco und Terra Chã

Der schönste der drei markierten Wanderwege auf Porto Santo führt über ehemalige Eselspfade in die einsame Felslandschaft im äußersten Nordosten der Insel (hin und zurück 5,3 km, mittel). Auf dem Weg hinauf passieren Sie beeindruckende Felsformationen aus weißen Prismen. Diesen rund 15 Millionen Jahre alten fossilen Gesteinen verdankt der „weiße Berg" seinen Namen. Nach vielen Serpentinen ist sein Gipfel erreicht, er ist mit 450 Metern der zweithöchste Punkt der Insel und bietet wundervolle Aussichten. Beim anschließenden Abstecher zur Terra Chã plötzlich ein ganz anderes Bild: Die kleine Hangebene ist fruchtbar und grün. Hier säten die Insulaner einst Gerste aus, heute beschatten aufgeforstete Zypressen die lauschigen Picknicktische.

Markierung: Vereda do Pico Branco e Terra Chã (PS PR1)

Funchal & Umgebung

*

STEILE SCHÖNHEIT IN DER FENCHELBUCHT

*

Sanft weicht der Atlantik einem Häusermeer, das sich immer steiler die Hänge hinaufzieht. Und welch spannende Geschichte(n) hat diese hübsche Stadt erlebt! Vom Zuckerboom über den Aufstieg des Madeiraweins bis hin zu Besuchen illustrer Gäste. Auch manche Katastrophe ereignete sich in der Fenchelbucht.

Die schlichte gotisch-manuelinische Kathedrale von Funchal erhebt sich seit dem 16. Jahrhundert über den Dächern der Stadt.

In den Kneipen der Altstadt lassen sich die Gäste eine fruchtige Poncha aus Zuckerrohrschnaps, Honig und Zitronensaft schmecken.

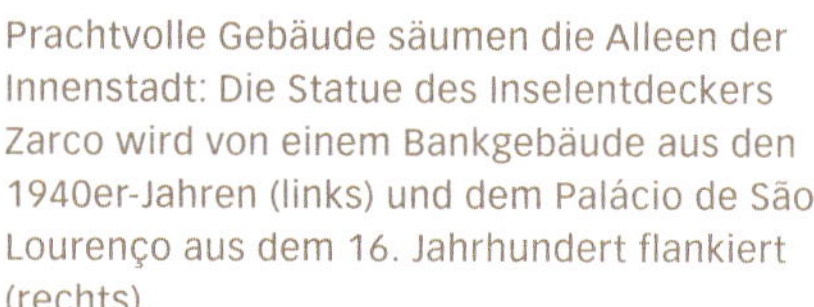
Prachtvolle Gebäude säumen die Alleen der Innenstadt: Die Statue des Inselentdeckers Zarco wird von einem Bankgebäude aus den 1940er-Jahren (links) und dem Palácio de São Lourenço aus dem 16. Jahrhundert flankiert (rechts).

Am Ende der Flaniermeile Avenida Arriaga öffnet sich der gotische Eingang der Sé Catedral.

Bei der Fortaleza de São Tiago aus dem 17. Jahrhundert springt im Sommer die Jugend Funchals ins Wasser. Hinter der Festung lugt die barocke Igreja do Socorro hervor.

Wer hätte vor gut 600 Jahren gedacht, dass Madeira mal eine Dauerkarte für den ersten Platz als „Beste Insel-Destination" bei den World Travel Awards bekommen sollte… Auf italienischen Seekarten tauchten die Inseln schon im 14. Jahrhundert auf. Ein Jahr nach dem dramatischen Abenteuer, bei dem die portugiesischen Seefahrer João Gonçalves Zarco und Tristão Vaz Teixeira auf dem Weg zur afrikanischen Küste zufällig Porto Santo entdeckten (und dabei fast in einem wilden Sturm ums Leben gekommen waren), besuchten sie den Archipel erneut. Am 2. Juli 1419 gingen sie auf Madeira an Land und erkundeten die Südküste. In einer halbmondförmigen Bucht fanden sie einen riesigen Fenchelhain (Funchal) vor – der der künftigen Hauptstadt ihren Namen gab.

GOLDENE ZEITEN

Als ab etwa 1425 die Besiedlung begann, bevorzugte Zarco zunächst die Bucht von Câmara de Lobos, die dank der Begegnungen mit Mönchsrobben *(lobo marinho)* zu ihrem Namen kam. Als *capitão donatário* regierte er dann aus der geräumigeren Fenchelbucht einige Jahre später den Süden der Insel. Mit Erfolg, denn es dauerte keine hundert Jahre, und Funchal war eine der wichtigsten Städte Portugals. Nicht nur aufgrund ihrer strategisch wichtigen Lage für die Seefahrerei entlang der afrikanischen Küste oder in Richtung Neue Welt, sondern auch dank des erfolgreichen Zuckerrohranbaus, der einen wahren Boom um das weiße Gold auslöste und für Wohlstand sorgte. Üppig verzierte Kirchen und prachtvolle Anwesen entstanden, Händler aus Flandern und anderen Teilen Europas siedelten sich an, wertvolle Gemälde kamen auf die Insel. Doch das süße Glück war nicht von Dauer. Ende des 17. Jahrhunderts war der Zuckerzirkus vorbei – auf den riesigen Flächen Brasiliens ließ sich das *ouro branco* viel besser anpflanzen als auf den schmalen Terrassen Madeiras. Das war der

Rechts: Auf dem berühmten Mercado dos Lavradores in der Markthalle von Funchal verkaufen emsige Händler regionales und exotisches Obst in allen Formen und Farben.

Unten: Diese beiden Frauen präsentieren die traditionelle madeirische Tracht, die auch die Blumenverkäuferinnen in der Markthalle tragen.

Links: Das Marktgebäude wurde 1940 eingeweiht und zeigt Züge des Art-déco-Stils, aber auch des Modernismus aus der Diktaturzeit. Die Fliesenbilder erzählen von der Landwirtschaft und vom Bauernmarkt. Freitags ist am meisten los, dann kommen die Bauern von den Dörfern und verkaufen ihre Produkte im Innenhof der Markthalle.

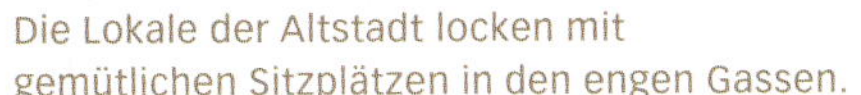
Die Lokale der Altstadt locken mit gemütlichen Sitzplätzen in den engen Gassen.

Früher wurde der Wein in Ziegenhäuten über die Insel transportiert.

FUNCHAL WAR SCHON EIN SEHNSUCHTSZIEL, ALS AN FLUGZEUGE NOCH NICHT ZU DENKEN WAR.

Startschuss für Madeiras zweite Monokultur, den Weinbau – im Stadtwappen sind allerdings beide wiederum vereint, es zeigt fünf Zuckerhüte und vier Weinreben.

ILLUSTRE BESUCHER

Das milde Klima, die mondäne Atmosphäre, die einzigartige Lage zwischen Bergen und Meer – Funchal war schon ein Sehnsuchtsziel, als an Flugzeuge noch nicht zu denken war. Lange Schiffsreisen nahm man im 19. Jahrhundert auf sich, um in der gesunden Inselluft zu genesen. Berühmteste Vertreterin dieses Gesundheitstourismus ist – natürlich – Sisi. Sie verbrachte den Winter 1860/61 auf Madeira, um einen starken Husten zu kurieren. Dies schien der österreich-ungarischen Kaiserin durchaus gut getan zu haben; einer anderen Adeligen konnte jedoch auch die Atlantikluft nicht mehr helfen: Dona Maria Amélia, Tochter des portugiesischen Königs Pedro IV. (der als Pedro I. auch Kaiser von Brasilien war) und seiner zweiten Frau Amélie von Leuchtenberg, starb 1853 mit nur 21 Jahren in Funchal an Tuberkulose. Ihre Mutter ließ in ihrem Namen ein Krankenhaus für Lungenkrankheiten an der Avenida do Infante errichten. Heute beherbergt dieses prachtvolle Gebäude ein Altenheim und einen Kindergarten, und der Park mit seinen wunderschönen Drachenbäumen ist tagsüber frei zugänglich.

Bei ihrem zweiten Besuch Ende 1893 konnte Sisi bereits in der gerade fertiggestellten Luxusherberge Reid's Palace nächtigen. Der Schotte William Reid hatte sich mit dem feinen Hotel einen Lebenstraum erfüllt. Spätestens durch die Besuche von George Bernard Shaw und Winston Churchill wurde das Reid's weltberühmt – nach jenen Gästen sind auch die Präsidentensuiten im Hauptgebäude benannt. Filmstars wie Charlie Chaplin oder George Clooney haben sich ebenso im Gästebuch eingetragen wie Politiker, etwa Margaret Thatcher. Tragisch verlief der Madeiraaufenthalt des letzten Habsburger Kaisers: Karl I. logierte zu Beginn seines nach dem Ende des Ersten Weltkriegs von den Alliierten befohlenen Exils zunächst ganz standesgemäß im Reid's-Komplex. Als das Geld ausging, musste die Familie in ein zugiges Sommerhaus eines Freundes hinauf nach Monte ziehen. Karl zog sich in der klammen Luft eine Lungenentzündung zu und starb am 1. April 1922 in Monte – sein Grab ist in der Wallfahrtskirche.

GEBEUTELTER WALLFAHRTSORT

Der Tod Karls war nicht die einzige Katastrophe in Monte. 1748 zerstörte ein Erd-

Über grüne Gärten und das Ocker der Dächer schwebt die Seilbahn von Funchal hinauf nach Monte.

»O BOM VINHO ALEGRA O CORAÇÃO DO HOMEM – GUTER WEIN ERFREUT DES MENSCHEN HERZ.«

Portugiesisches Sprichwort

beben die wichtigste Wallfahrtskirche der Insel, immer wieder gab es Überschwemmungen. Auch bei den schweren Unwettern 2010 gehörte Monte zu den am meisten betroffenen Gegenden, die kleine Barbosa-Kapelle wurde von den Schlammmassen einfach mitgerissen. Die Waldbrände vom August 2016 zerstörten die Wälder um Monte so schlimm, dass das Fest zu Ehren der Senhora do Monte abgesagt werden musste. Und als sei das alles nicht genug, fiel zum darauffolgenden Marienfest am 15. August 2017 eine alte Eiche um und riss 13 Gläubige in den Tod, 50 weitere wurden durch die Wucht des Aufpralls verletzt.

STADT IM WANDEL

Die Waldbrände der letzten Jahre haben ebenso ihre Spuren im Stadtgebiet hinterlassen wie die Renovierungs- und Umbaumaßnahmen nach den Unwettern im Februar 2010. Das beste Beispiel dafür ist die neu gestaltete Uferfront in Funchal, inklusive neuer Anlegestelle für Kreuzfahrtschiffe. Irgendwo musste das ganze Geröll ja hin, und wenn die Stadtplaner meinen, dass die einbetonierten Flussmündungen in Zukunft besser abfließen, will man mit ihnen hoffen. Was jedoch die wenigsten Funchalesen (und im Übrigen auch die wenigsten Madeirabesucher) nachvollziehen können, sind die Ausmaße des riesigen Savoy-Kastens, der das Stadtbild nachhaltig verändert hat. Über drei Jahre wurde mit 500 Arbeitskräften an dem Fünf-Sterne-Hotel gebaut. Mit insgesamt 17 Stockwerken, 579 Zimmern, 7 Restaurants, 5 großen und 14 privaten Pools sowie 4 Bars ist es das monströseste Bauwerk der Stadt. Es stellt im wahrsten Sinne des Wortes alles in den Schatten, und manch einer fragt sich, wer diesen Bauplan genehmigt hat.

BUNTE FESTE IN FUNCHAL

Für den Tourismus wird allerhand möglich gemacht. Auch manche Feste veranstaltet die Regionalregierung vor allem aus diesen Gründen, etwa das farbenfrohe Blumenfest, das aus einer Blumenausstellung 1954 hervorging und inzwischen alljährlich Anfang Mai Tausende von Touristen auf die Insel lockt. Vor allem zum Blumenfest-Umzug füllen sich die Straßen von Funchal, alle wollen die bunt geschmückten Wagen, die tanzenden sogenannten Blumenmädchen und die niedlichen Flower-Power-Kinder bewundern.

Das Festival do Atlântico hingegen wurde erst 2002 zum ersten Mal ausgerichtet. Es besteht aus einem fulminanten Feuerwerkswettbewerb, bei dem sich an jedem Samstag im Juni im Hafen von

Ein Paradies für Gartenfans: In den Jardins do Palheiro tobte sich vor mehr als 200 Jahren der Graf von Carvalhal aus, heute lebt die Weinhändlerfamilie Blandy auf dem Anwesen.

Strelitzien wachsen wohl in jedem Garten Madeiras, die kunstvollen Formschnitte (rechts) lassen sich in der Topiari-Abteilung im Botanischen Garten von Funchal bewundern.

Märchenhaft, fast schon dschungelartig und an manchen Stellen sehr asiatisch präsentiert sich der Tropische Schlossgarten von Monte.

Die Korbschlittenfahrer von Monte warten auf Kundschaft. Manchmal bilden sich lange Schlangen am Abfahrtspunkt unterhalb der Wallfahrtskirche, vor allem, wenn Kreuzfahrtschiffe im Hafen liegen. An anderen Tagen ist dagegen wenig los.

Oben: Der letzte Habsburger Kaiser, Karl I., starb 1922 in Monte und wurde in der Wallfahrtskirche beigesetzt. Eine Statue erinnert an den seliggesprochenen Monarchen.
Unten: Schlittenfahren im Sommer: Die Korbschlittenfahrer schieben, lenken und bremsen die rasanten Gefährte auf der steilen Straße zwischen Monte und Livramento.

Funchal ein anderer pyrotechnischer Veranstalter mit einer grandiosen Licht- und Musikshow präsentiert, dazu gibt es Konzerte an verschiedenen Stellen der Stadt.

Das aufwendigste Fest Madeiras aber ist die „Festa do Fim do Ano": Bereits Anfang Dezember werden die Straßen Funchals und viele Gebäude mit riesigen Weihnachtsdekorationen geschmückt, und jedes Jahr scheint die Stadt ein wenig mehr zu leuchten. Der Höhepunkt des (touristischen) Jahres ist das Silvesterfeuerwerk, bei dem die Bucht für eine gigantische, pompöse Feuerwerksshow genutzt wird – sie zieht unzählige Besucher auf die Insel, und auch so manche Kreuzfahrtschiffe steuern Madeira nur für dieses Spektakel an.

EIN BISSCHEN STOLZ AUF DIE GROSSARTIGEN VERANSTALTUNGEN IHRER STADT SIND ALLE.

Und die Funchalesen? Wie stehen sie zu den Feierlichkeiten, die ja doch insbesondere für die Touristen geschaffen wurden? Manche stürzen sich gemeinsam mit den Inselbesuchern ins Getümmel, bewundern die Nichten oder Enkelkinder beim Blumenfestumzug oder genießen die Feuerwerke vom Balkon aus. Anderen ist der Rummel zu groß, sie feiern lieber die kleinen, traditionellen Kirchenfeste, sei es in der Stadt oder auf den Dörfern – doch ein bisschen stolz auf die großartigen Veranstaltungen ihrer Stadt sind sie alle.

NOSTALGIEBEDARF

Bei all dem Umtrieb tut auch ein bisschen Nostalgie ganz gut. In einem wunderschönen Art-déco-Gebäude in der Rua da Carreira betrieb Vicente Gomes da Silva ab 1865 das erste Fotoatelier Portugals. Er bekam auch so manche Bet rühmtheit vor die Linse, sogar Sisi ließ sich von ihm ablichten. Die Bilder aus vier Generationen des Ateliers waren

Tanzgruppen üben das ganze Jahr für ihre Auftritte beim Karnevals- und beim Blumenfest-Umzug.

Traditionelle Musikgruppen begleiten die farbenfrohen Umzüge in Funchal.

Die prachtvollen Kleider für den großen Blumenfest-Umzug werden erst im letzten Moment fertiggestellt – schließlich handelt es sich um frische Blumen.

Oben: Grandiose Aussichten bietet der gläserne Skywalk am Cabo Girão, einer der höchsten Steilklippen Europas.

Unten links und rechts: Wenn Design auf altehrwürdige Gemäuer trifft: Im Nini Andrade Design Centre in der Fortaleza da Nossa Senhora da Conceição auf der Hafenmauer stellt die madeirische Designerin ihre Möbel und Dekorationen aus.

Bunte Fischerboote liegen in der schmalen Bucht von Câmara de Lobos.

Wenn die Fischer nicht auf dem Meer sind, vertreiben sie sich schon mal mit Kartenspielen die Zeit.

Special

Madeirawein

Je älter, desto besser

Das süße Gold in den dunklen Flaschen ist die große Liebe der Engländer, die bis heute die Vorherrschaft im Handel mit Madeirawein haben. Man könnte wohl auch sagen: Je älter, desto teurer. Mehr als 1000 Euro kostet der derzeit älteste verkäufliche Wein der Madeira Wine Company in Funchal, für den die Trauben im Sommer 1908 gereift sind.

Alte Blandy-Weine in verschlossenen Regalen

Die Führung beginnt. Rita erzählt, dass die britische Familie Blandy seit dem frühen 19. Jahrhundert Madeirawein produziert, auf dem Gelände des einstigen Franziskanerklosters. Heute führt die 7. Blandy-Generation das Geschäft, und es läuft gut. Wir stehen auf einem riesigen Dachboden voller Eichenfässer, es ist warm, ein süßer Duft liegt in der Luft. Von wegen Weinkeller! Madeirawein braucht Wärme – und Zeit. Hier reift er also, der wertvolle Rebensaft, der aus einer der vier weißen Sorten Malvasia, Boal, Verdelho oder Sercial hergestellt wird und am Ende süß, halbsüß, halbtrocken oder trocken schmecken wird – wobei Madeirawein letztlich immer eine eher süße Angelegenheit ist. Die große Masse, um die 90 Prozent, wird jedoch aus der Allrounder-Sorte Tinta Negra gewonnen. Mindestens drei Jahre reift er im Eichenfass. Rita zeigt uns alte Gerätschaften und noch ältere Fässer. Nun dürfen wir in der Probierstube das wertvolle Ergebnis verkosten.

gemeinsam mit anderen Aufnahmen des „alten Madeira" bis 2014 im Museu-Fotografia Vicentes ausgestellt. Nach einer Durststrecke hatte das Warten 2019 ein Ende – im Zuge der 600-Jahr-Feier der Inselentdeckung wurde das Fotomuseum wiedereröffnet.

ÖFTER MAL WAS NEUES

Eine ganz neue alte Welt bietet sich den Sporttauchern, die im Unterwasser-Naturpark vor dem Cabo Girão abtauchen: 2018 wurde hier mit Dynamiteinsatz eine ausrangierte Korvette versenkt. Die NRP Afonso Cerqueira diente bis 2015 der Marine, jetzt bietet sie als künstliches Riff Meerestieren ein Zuhause. Nachdem sich Taucher auf Porto Santo bereits an zwei Wracks erfreuen dürfen, ist nun auch Madeira stolz auf eine solche Unterwasser-Attraktion.

Manchmal wird Madeira nachgesagt, ihm sei außer dem Entdecktwerden nichts an Bedeutung zugestoßen, und tatsächlich gab es weder Revolutionen noch weltberühmte Ereignisse. Doch in der langen Inselgeschichte lässt sich durchaus die eine oder andere – zumindest für die Madeirer und für die Inselbesucher bedeutungsvolle – Neuerung ausmachen. Mal gab es gute Veränderungen, mal nicht so gute, doch langweilig wurde es in Funchal nie.

Brennendes Unglück

PHÖNIX AUS MADEIRAS ASCHE …

Mystische Fotomotive im Wolkendunst oder knorrige Mahnmale? Wenn Sie im Hochgebirge wandern, säumen an vielen Stellen verkohlte Baumheiden die Wege. Auch nach fast 15 Jahren erinnern sie an eine der vielen Brandkatastrophen der Insel.

Verena Pregetter bemüht sich um die Wiedergeburt ihres abgebrannten Orchideengartens.

Im heißen August 2010 fegten Windböen von 100 km/h die Feuer rasend schnell vom Curral das Freiras Richtung Pico do Arieiro und weiter über die Zentralkordillere. 6000 Hektar Wald, einzigartige Hochgebirgsflora, alte Gewächse – alles verbrannte in wenigen Stunden. Im Parque Ecológico do Funchal, einem etwa 1000 Hektar großen Hangareal oberhalb von Funchal, zerstörten die Flammen in wenigen Stunden 95 Prozent der Vegetation.

MÜHSAME WIEDERAUFFORSTUNG

Der Naturschützer und Geograf Raimundo Quintal widmet sich seit 1996 mit dem „Verein der Freunde des Parque Ecológico" der Wiederanpflanzung von endemischen Arten, allen voran Stinklorbeer, Buchen, Madeira-Mahagoni und Baumheiden – Bäumen, die vor der Besiedlung der Insel im 15. Jahrhundert selbstverständlich waren, über die Jahrhunderte jedoch immer weiter gerodet wurden. So mussten sie wieder von vorne anfangen, und nach jedem Brandsommer aufs Neue. Eine Sisyphosarbeit. Und warum? Nur damit es schön grün wird? Nein, vor allem, um die Hänge vor Erosion zu bewahren.

DIE TEUFLISCHE 30ER-REGEL

Dass im Sommer regelmäßig die Wälder brennen, kommt nicht von ungefähr. Zunächst hat man es mit den wirtschaftlich ertragreichen, aber leicht entzündlichen Eukalyptusplantagen übertrieben. Und wenn Temperaturen über 30 °C herrschen, die Luftfeuchtigkeit unter 30 Prozent beträgt und Winde mit weit mehr als 30 km/h wehen, braucht es manchmal nur eine weggeschnippte Zigarettenkippe, und schon brennt es lichterloh. Die verheerenden Waldbrände, die 2016 auf Madeira drei Todesopfer forderten und 22 Prozent der Fläche des Kreises Funchal zerstörten, wurden von einem psychisch kranken Brandstifter ausgelöst. Auch der Täter, der während der Waldbrände im Oktober 2023 im Westen Madeiras festgenommen wurde, war psychisch gestört.

Jeder Waldbrand bedeutet nicht nur hektarweise verbrannten Wald, sondern auch viele Einzelschicksale: zerstörte Häuser, Grundstücke und

Oben: Die Zwergpapageien fühlen sich schon ganz wohl in dem wilden Garten von Verena Pregetter.

Links: Im Gebirge sind auch Jahre nach den Bränden noch die Spuren der Verwüstungen zu sehen.

Firmengebäude. Oder, wie bei der österreichischen Orchideenzüchterfamilie Pregetter, das Ende eines wunderschönen Schaugartens. Wer das bunte Paradies des „Jardim Orquídea" kannte, bricht beim Anblick der Bilder des zerstörten Gartens in Tränen aus. Manch seltene Arten und unzählige seit Generationen gehegte Pflanzen – im August 2016 in Minuten verbrannt. Verena Pregetter bemüht sich, einen neuen Schaugarten aufzubauen. Orchideen wachsen langsam, ebenso wie Lorbeerbäume – Phönix aus der Asche wird auf Madeira also noch ganz schön viel zu tun haben.

Fakten & Informationen

Parque Ecológico do Funchal:
Centro de Recepção: Estrada Regional 103, Nr. 259, Monte, Funchal; www.facebook.com/pecofunchal
tgl. 9.30–16.30 Uhr

Associação dos Amigos do Parque Ecológico do Funchal:
www.facebook.com/amigosdoparque

Jardim Orquídea:
voraussichtlich noch 2 bis 3 Jahre im Wiederaufbau

CÂMARA DE LOBOS
FUNCHAL
Maßstab 1:90.000
0
2km
1
2
3
Serra de Água
Curral das Freiras
Jardim da Serra
Estreito de Câmara de Lobos
Campanário
Quinta Grande
Pico do Arieiro
Paso de Poiso
Ribeiro Frio
Monte
Santo António
São Martinho
Santo Amaro
Ponta Gorda
Cabo Girão
Fajã dos Asnos
Poço do Borralho
Boca do Cerro
Chão das Feiteiras
Feiteiras de Cima
Vila Baleira (Porto Santo)
Parque Nacional de Garajau
Maßstab 1:13.000
0
300m
Bahía de Funchal
Porto Santo
Molhe da Pontinha
Forte
Ilhéu de Nossa Senhora da Conceição
Marina
Novo Marina
Rotunda Sá Carneiro
Parque de Santa Catarina
Quinta Vigia (Residência do Governo Regional)
Casino
Avenida do Mar e das Comunidades Madeirenses
Avenida Arriaga
Fortaleza de São Lourenço
Catedral Sé
Alfândega
Praça do Povo
Praça do Infante
Jardim Municipal
Governo Regional
Igreja do Colégio
Museu do Vinho
Convento de Santa Clara
Museu Quinta das Cruzes
Fortaleza do Pico de São João
Museu Universo de Memórias
Capela do Encarnação
Museu Henrique e Francisco Franco
Mercado dos Lavradores
Museu da Electricidade
Jardim do Almirante Reis
Fortaleza de São Tiago
Igreja do Socorro
Rua João de Deus
Rua do Bom Jesus
Rua Fernão Ornelas
Rua de Santa Maria
Rua Dr. Brito Câmara
Avenida Calouste Gulbenkian
Rua das Maravilhas
Caminho de Santo António
Estr. de São João
Avenida Sá Carneiro
Cais Novo
Rua Imperatriz D. Amélia
Rua Carvalho Araújo
Av. Luís de Camões
Rua Ten. Cor. Sarmento
Rua do Jasmineiro
Bombeiros
Linha Eco
Via à Cota 40
Estrada Conde Carvalhal
Rua Nova da Alegria

HAUPTSTADTFLAIR MIT GRÜNEN TUPFERN

Madeiras Metropole vereint alles, was man sich als Fan von Flaniermeilen und Gärten, Kulturveranstaltungen und Festen oder Museen und Monumenten wünscht – ein bunter Mix auf kleinem Raum, hübsch in eine Bucht drapiert und eingerahmt von den Bergen und dem Meer. Auch ein besonderer Wallfahrtsort und das Fischerstädtchen Câmara de Lobos sind in Minuten erreicht.

1 Funchal

Mit seinen fast 106 000 Einwohnern hat Funchal genau die richtige Größe, um als ordentliche Stadt durchzugehen – inklusive Uni, Shoppingcenter, vielen Parks und reichhaltigem Kulturangebot, ohne jedoch dabei unübersichtlich zu werden. In Funchal laufen alle Fäden zusammen: Handel, Verwaltung, Gastronomie, Hotellerie und Kultur – die Inselmetropole versprüht geschäftiges Hauptstadtflair.

SEHENSWÜRDIGKEITEN

Wenn Sie sich vom modernen Hotelviertel im Westen Funchals aus auf den Weg in die Innenstadt begeben, passieren Sie das **Reid's Palace Hotel** (Estrada Monumental 139). Seit 1891 thront die Luxusherberge über der Bucht von Funchal – ein Besuch der tropisch anmutenden Parkanlage (Mi./Fr. 15.30 Uhr, 15 €) ist ebenso fantastisch wie der Genuss des Afternoon-Teas auf der hübschen Terrasse (Reservierung Tel. 291717171). Das von dem brasilianischen Architekten Oscar Niemeyer geschaffene **Casino da Madeira** wurde in den 1970er-Jahren an dem Ort errichtet, an dem einst Kaiserin Elisabeth (Sisi) ihren ersten Madeira-Aufenthalt verbrachte, eine Bronzestatue erinnert an sie. Nur wenige Schritte weiter verbirgt sich hinter einem Eisentor die rosafarbene **Quinta Vigia**, heute der Amtssitz des Inselpräsidenten. Den dazugehörigen Park mit der tollen Aussicht über den Hafen dürfen Sie besichtigen, sofern keine offiziellen Termine stattfinden (Mo.–Fr. 9–17 Uhr). Gleich nebenan die nächste grüne Oase: der 3,6 Hektar große **Parque de Santa Catarina**, an dessen Südhang Treppen zur Hafenfront hinunterführen. Wenn Sie stattdessen Richtung Osten gehen, erreichen Sie die **Avenida Arriaga**, eine der schönsten Flaniermeilen der Stadt, vor allem im Frühsommer, wenn die Jacarandabäume lila blühen. Das Stadttheater **Teatro Municipal Baltazar Dias** aus dem 19. Jh. wird sehr gut bespielt, dienstags um 16 Uhr gibt es eine Führung (engl.) durch den klassizistischen Bau. Direkt gegenüber lädt der **Jardim Municipal** zum Entspannen ein. Er gehörte einst zum Franziskanerkloster, dessen Grundmauern

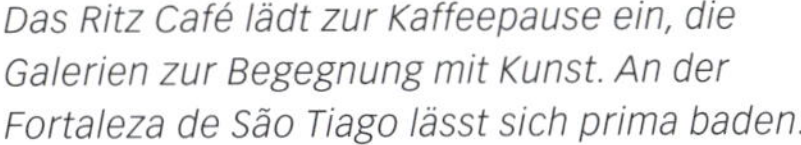

Das Ritz Café lädt zur Kaffeepause ein, die Galerien zur Begegnung mit Kunst. An der Fortaleza de São Tiago lässt sich prima baden.

nebenan seit 1840 von der Weinhändlerfamilie Blandy genutzt werden. Eine Führung durch die nach süßem Madeirawein und schweren Eichenfässern duftenden Räume der **Blandy's Wine Lodge** bringt Ihnen die Geheimnisse des Madeiraweins und die Geschichte seiner berühmtesten Produzenten näher (www.blandys winelodge.com; deutschsprachig Mo.–Fr. 10.45, 14.45, 15.45, Sa. 10.45 Uhr). Nur wenige Schritte weiter erhebt sich die **Sé Catedral** (Mo.–Fr. 9–17.30, Sa. 9–12/16–18, So. 7.15–12 und 16.15–19 Uhr) aus dem frühen 16. Jh. In ihrem Inneren überrascht die ansonsten angenehm schlichte spätgotische Kirche mit einer einzigartigen Zedernholzdecke im Mudéjar-Stil, an der Außenbalustrade Richtung Süden sehen Sie manuelinische Steinmetzarbeiten. Ganz anders präsentiert sich die 1647 geweihte **Igreja do Colégio** an der Praça do Município – portugiesische Jesuitenkirchen wurden üppig mit Gemälden, Blattgold und Azulejos verziert. In das Jesuitenkolleg selbst zog nach der Nelkenrevolution 1974 die Universität ein. Zwei weitere wichtige Gebäude liegen an diesem Platz: das **Rathaus** von Funchal im ehemaligen Stadtpalast der Grafenfamilie von Caralhal aus dem 18. Jh. und der ehemalige **Bischofspalast**, in dem heute das Museum für sakrale Kunst untergebracht ist. Entlang der steilen Calçada de Santa Clara und der Calçada do Pico reihen sich die Sehenswürdigkeiten auf: Im **Convento de Santa Clara** (Di.–Sa. 10–12.30/14–17 Uhr, 10 €), dessen Grundstein bereits im 15. Jh. gelegt wurde, verbergen sich Kunstschätze, im **Universo de Memórias** (Mo.–Fr. 10–17 Uhr) unter anderem eine skurrile Krawattensammlung des Journalisten und Politikers João Carlos Abreu und in der **Quinta das Cruzes** wertvolle Gemälde und Möbel.

Während im São-Pedro-Viertel im 15. Jh. der Inselentdecker residierte, lebte das gemeine Volk in den Gassen des Santa-Maria-Viertels östlich der Flussmündung der Ribeira de João Gomes. Die **Zona Velha** **TOPZIEL**, die bei ausgehfreudigen Besuchern inzwischen beliebte Altstadt, war einst ein armes Fischerviertel, Spuren des Verfalls sind bis heute zu sehen. In der ältesten Straße Funchals, der Rua de Santa Maria, begeistern bemalte Haustüren jeden Hobbyfotografen, ebenso die gelben Türmchen der **Fortaleza de São Tiago** aus dem 17. Jh. oder die bunten Stände voller Obst, Gemüse und Blumen in der Markthalle **Mercado dos Lavradores** (Mo.–Do. 7–19, Fr. 7–20, Sa. 7–14 Uhr).

MUSEEN

Wer sich für die Flora und Fauna der Insel interessiert, sollte dem Stadtmuseum **Museu de História Natural** (Rua da Mouraria 31, Di.–Sa. 10–18 Uhr) im ehemaligen Palácio de São Pedro aus dem 18. Jh. einen Besuch abstatten. Besonders hübsch: der Schmetterlingsgarten hinter dem Gebäude. In dem von einem großen Garten umgebenen Herrenhaus **Quinta das Cruzes** (Calçada do Pico 1, mqc.madeira.gov.pt, Di.–So. 10–12.30/13.30–17.30 Uhr) sind wertvolle Gemälde, Keramiken und Möbel ausgestellt. In der **Casa-Museu Frederico de Freitas** (Calçada de Santa Clara 7, casamuseuff.blogspot.com, Di.–Sa. 10–17.30 Uhr) können Sie u. a. herrliche Azulejos bewundern. Das **Museu de Arte Sacra** (Rua do Bispo 21, http://masf.pt, Mo.–Fr. 10–17.30, Sa. 10–13.30 Uhr) präsentiert Kirchenkunst und flämische Malerei des 15. und 16. Jh.s, im **Museu A Cidade do Açúcar** (Praça do Colombo 5, Mo.–Fr. 9–17.30 Uhr) erfahren Sie, was die Händler mit diesen Gemälden bezahlten, nämlich Zucker, das weiße Gold. Die Geschichte Madeiras von den vulkanischen Anfängen über die Besiedlung durch die Portugiesen bis zur Gegenwart wird im **Madeira Story Centre** (Rua D. Carlos I 27, www.madeirastorycentre.com, tgl. 10–19 Uhr) erzählt; die Geschichte eines Jungen, der es zum wohl berühmtesten Fußballspieler der Welt gebracht hat, erfahren Sie im **Cristiano-Ronaldo-Museum** (Museu CR7, Av. Sá Carneiro 27, museucr7.com, Mo.–Fr. 10–17 Uhr).

ERLEBEN

Ein besonderes Erlebnis ist die Fahrt auf der hölzernen Replik des Schiffes, mit dem Kolumbus einst in die Neue Welt aufbrach: Heute sticht die **Santa Maria de Colombo** TOPZIEL

Handverlesene Kunst

Die Leidenschaft für zeitgenössische Kunst – vor allem junger lokaler Talente – ist gleich zu spüren, wenn sich die Tür in der Rua do Quebra Costas öffnet: Cecilia und Mauricio haben mit dem gemeinnützigen Kunstverein „Porta 33" eine kreative Kulturoase mit spannenden Ausstellungen geschaffen.

INFORMATION
www.porta33.com, Di.–Sa. 16–20 Uhr

Umweltbildung für Schüler im Stadtmuseum; das Design Centre Nina Andrade im Hafen (s. S. 66); die Santa Maria de Colombo startet ab Funchal.

(www.santamariadecolombo.com) zweimal täglich von Funchal aus in See und ermöglicht ganz neue Blicke auf Madeiras Südküste.

VERANSTALTUNGEN

Jährlich im Mai verwandelt sich die Avenida Arriaga in ein Blumenmeer, zum großen Festumzug der **Festa da Flor** tanzen „Blumenmädchen" um bunt geschmückte Wagen und ganz Funchal ist im Blumenfest-Fieber. Im Juni feiert die Stadt mit viel Musik und Feuerwerken das **Festival do Atlântico**. Zur Weihnachtszeit ist Funchal festlich und farbenfroh geschmückt, der Höhepunkt aber ist das **Silvesterfeuerwerk** über der gesamten Bucht.

HOTELS

Zentral, aber nicht im Rummel: das angenehme **€€€ Castanheiro Boutique Hotel** (Rua do Castanheiro 31, www.castanheiroboutiquehotel.com) besticht mit historisch angehauchtem Design und der aussichtsreichen Dachterrasse mit Pool. Im Hotelviertel bietet das **€€ Allegro Madeira** (Rua do Gorgulho 1, Tel. 291700500), einst eine mit blau-weißen Azulejos verkleidete Bausünde und heute ein modernes Adults-only-Hotel, eine behagliche Bleibe mit gutem Preis-Leistungs-Verhältnis.

RESTAURANTS

Bodenständige madeirische Gerichte mit dem gewissen Etwas tischen die sympathischen Kellner im **€€ O Regional** auf (Rua D. Carlos I 54, Tel. 291232956). Gut und günstig speisen Sie im **€ A Bica** (Rua do Hospital Velho, Tel. 291221346) neben der Markthalle. Wenn es etwas Besonderes für den Gaumen sein darf, begeben Sie sich im **€€€ Armazém do Sal** (Rua da Alfândega 135, Tel. 291231285) auf eine kulinarische Reise über die Insel.

UMGEBUNG

Etwa 3 km nordöstlich der Innenstadt erstreckt sich der etwa 8 Hektar große **Jardim Botânico** (Caminho do Meio, tgl. 9–18 Uhr), der Pflanzenfreunde entzückt. Vom Botanischen Garten aus führt eine **Seilbahn** quer über das Tal der Ribeira de João Gomes hinauf nach Monte. Ebenfalls in Hanglage, rund 10 km östlich des Zentrums, lebt Familie Blandy inmitten der **Palheiro Gardens** (Caminho da Quinta do Palheiro 32, www.palheironatureestate.com/palheiro-gardens.html, tgl. 9–17 Uhr). Das Anwesen gehörte einst dem Grafen von Carvalhal, der Anfang des 19. Jh.s die ersten Bäume pflanzen ließ. Heute verzaubern englische Landschaftsgärten und Pflanzen aus aller Welt die Besucher.

INFORMATION

Posto de Informação Turística
Avenida Arriaga 16, Tel. 291211902
www.cm-funchal.pt

2 Monte

Nicht selten versinkt der 600 Meter über dem Meer gelegene Stadtteil in den Wolken, während an der Talstation der Seilbahn noch die Sonne scheint. Dennoch war die Hanglage bei reichen Engländern beliebt, schließlich konnten sie hier die prächtigsten Gärten anlegen.

SEHENSWÜRDIGKEITEN

Direkt neben der Bergstation der **Seilbahn** (www.madeiracablecar.com) beginnt eine der prachtvollsten Parkanlagen der Insel: der **Monte Palace Tropical Garden** TOPZIEL (Caminho do Monte 174, www.montepalace.com, tgl. 9.30–18 Uhr) der Berardo-Stiftung, ein Märchengarten mit afrikanischer und asiatischer Kunst, brasilianischen Glitzersteinen und portugiesischen Fliesenbildern. Gleich nebenan bieten die **Korbschlittenfahrer** ihre Dienste an, der Spaß endet nach wenigen Minuten im Ortsteil Livramento (www.carreirosdomonte.com). Oberhalb der Abfahrtstelle erhebt sich die berühmteste Wallfahrtskapelle des Archipels, sie ist der Inselpatronin **Nossa Senhora do Monte** geweiht und beherbergt das Grab des 1921 in Monte verstorbenen letzten Habsburger Kaisers Karl. Am **Largo da Fonte** sprudelt heilendes Wasser aus dem Berg. Noch immer steht hier das Stationsge-

Tipp

Studis zeigen ihre Stadt

Mit Fábio geht's durch die Gärten, Sofia erklärt die Geheimnisse des Weins, Erasmus-Student Marco zeigt Ihnen das Herz der Stadt, Tina erzählt spannende Geschichten zu mysteriösen Orten. Die Erlöse der von den Studierenden organisierten Stadtrundgänge fließen in die Sozialfonds der Studentenvereinigung.

INFORMATION
https://madeiranheritage.pt

bäude der Zahnradbahn, auch wenn die Rampe oberhalb des hübschen Stadtparks längst als Straße genutzt wird.

INFORMATION
s. Funchal

3 Câmara de Lobos

Aus dem Fischerörtchen, das schon Winston Churchill bei seinem Besuch 1950 so gerne malte, entwickelte sich eine Stadt mit 16 500 Einwohnern und einem Ruf als sozialer Brennpunkt, weil sich die arbeitslosen Fischer am liebsten in den Kneipen trafen. Heute mischen sich immer mehr Touristen darunter, und das „Haus der Mönchsrobbe" putzt sich heraus.

SEHENSWÜRDIGKEITEN
Besonders pittoresk ist die von zwei Lavafelsen geschützte Hafenbucht, in der bunte Boote für hübsche Fotomotive sorgen. Auch in der 1425 erbauten **Kapelle Nossa Senhora da Conceição** sind Fischerszenen dargestellt. Vorbei an Kneipen und Läden führen enge Gassen zur **Igreja de São Sebastião** aus dem 18. Jh. Über der Innenstadt bietet der **Miradouro** am Pico da Torre herrliche Aussichten.

RESTAURANT
Wie authentisch das Grillrestaurant **€ O Polar** (Rua do Pico da Torre 26, Tel. 291944442) ist, beweisen die Einheimischen, die kommen, um Espetada (Fleischspieß) zu essen.

UMGEBUNG
In **Estreito de Câmara de Lobos**, 4 km oberhalb des Hafens, mischen sich immer mehr Weinterrassen zwischen die Häuser, Estreito ist eines der Anbaugebiete für den Madeirawein. 5 km östlich lockt die riesige Steilklippe **Cabo Girão** Inselbesucher in Massen an, ein gläserner „Skywalk" ermöglicht spektakuläre Blicke auf das 580 m tiefer gelegene Meer.

INFORMATION
s. Funchal

SPAZIERGANG NACH CÂMARA DE LOBOS

Das Herrliche an diesem Spaziergang in den geschichtsträchtigen Nachbarort ist, dass Sie fast immer am Meer entlanglaufen und – sofern Sie in Funchal untergebracht sind – keinen Mietwagen brauchen. Und wo gibt es auf Madeira schon die Möglichkeit, mal eine längere Strecke über Uferpromenaden zu flanieren, dabei blühende Küstenpflanzen zu bewundern und dem Rauschen der Wellen auf den rund geschliffenen Steinen zu lauschen? Sogar Badepausen sind möglich! Besonders stimmungsvoll wird's am Nachmittag, zumal Sie sich auf dem Rückweg mit einem Sonnenuntergangs-Dinner am Meer belohnen können. Also, auf geht's!

Sie spazieren ab dem Lido-Viertel von Funchal über die Uferpromenade gen Westen, vorbei an der meeresbiologischen Station und dem alten Kohlenkai, bis der Weg am idyllischen Fischrestaurant Doca do Cavacas in einem kleinen Felstunnel verschwindet. Wenn Sie wieder herauskommen, sind Sie an der Praia Formosa. Ein schmaler Pfad führt über den lang gezogenen Kiesstrand, bis Sie wieder einen breiteren Weg erreichen. Jetzt wird es richtig schön: Sie laufen direkt am Wasser und teilweise über Holzstege direkt an den Felsen entlang.

Ein hübscher Anblick: Farbenfrohe Fischerboote warten auf die nächste Ausfahrt.

Schließlich gelangen Sie in die Altstadt von Câmara de Lobos mit ihrer idyllischen Bucht. Hier finden Sie nicht nur tolle Fotomotive mit bunten Fischerbooten, sondern auch lauschige Cafés und Kneipen für einen kühlen Drink oder einen kleinen Snack, bevor es über denselben Weg (oder alternativ per Linienbus) wieder zurück nach Funchal geht.

Weitere Informationen: Laufen Sie ab dem Lido-Schwimmbad einfach möglichst küstenparallel gen Westen! Es sind etwa 7 km (1,5–2 Std.) bis nach Câmara de Lobos, hin und zurück entsprechend das Doppelte. Alternativ können Sie jeden Linienbus nach Funchal nehmen. Besonders nett sind die Lokale an der Praia Formosa. Gut und günstig speist man im Barra Azul (Tel. 914856348).

Madeiras Höhen

*

ÜBER DEN WOLKEN

*

Am Horizont leuchtet ein zarter gelber Streifen, es ist eiskalt, der Wind fegt über die kargen Steine. Aus einem Meer aus Wolken steigt nun die Sonne empor, taucht die dunklen Bergspitzen in helles Licht. Was für ein Erlebnis – Sonnenaufgang am Pico Ruivo, Madeiras höchstem Berg.

Über einem Meer aus Wolken: Naturspektakel auf dem Pico de Arieiro

Manche haben Zelte aufgestellt, um hier oben, auf 1862 m Höhe, zu übernachten, andere haben den einstündigen Aufstieg ab Achada do Teixeira in Angriff genommen, um pünktlich da zu sein, wenn sich die Sonne aus dem Wolkenmeer erhebt. Der knapp 3 km lange Weg ist auch im Dunklen gut zu gehen. Man hat ihn Mitte der 1980er-Jahre angelegt und fast durchgängig gepflastert, sodass es auch ungeübte Wanderer auf den höchsten Gipfel schaffen. Der weitaus schwierigere, aber auch spektakulärere Weg zum Pico Ruivo führt vom Pico do Arieiro herüber. Die etwa 7 km lange „Vereda" wurde Anfang der 1960er-Jahre in den

UNZÄHLIGE WANDERER ERFREUEN SICH AN DER SENSATIONELLEN STRECKE.

Fels gehauen, ursprünglich um dem damaligen Staatspräsidenten einen Besuch des Pico Ruivo zu ermöglichen. Dazu kam es nicht, stattdessen erfreuen sich jetzt unzählige Wanderer an der sensationellen Auf- und Abstrecke (die teilweise durch Tunnels und über steile Eisenleitern führt). Wer keinen Fahrdienst hat und ab dem Pico do Arieiro hin und zurück läuft, ist rund sechs Stunden unterwegs. Besonders eindrucksvoll ist die Aussicht am Ninho da Manta (Bussardnest). Die berühmten „Stairway to Heaven"-Bilder werden nahe der Pedra Rija geschossen. Im Gegensatz zu den vielen Levadawegen, dem Caminho Real oder auch anderen Bergpfaden wurden die Treppen in Madeiras höchsten Höhen also tatsächlich aus touristischen Gründen angelegt – auf Madeira durchaus eine Seltenheit.

DIE SCHEUEN NONNEN

Apropos Seltenheit! Wenn von der Freira da Madeira die Rede ist, sind nicht die Klarissinnen gemeint, die einst dem „Nonnental" Curral das Freiras seinen

Oben: Der Wanderweg zwischen dem Pico do Arieiro und dem Pico Ruivo führt über einen spektakulären Felsgrat.
Unten: Ein Balkon mit Aussicht: Der Miradouro dos Balcões bei Ribeiro Frio ist in einem halbstündigen Spaziergang zu erreichen.

Bei schönem Wetter ist die anspruchsvolle Bergtour zwischen den höchsten Gipfeln der Insel eine fantastische Panoramawanderung. Kondition und Andrang sind maßgebend, aber zwischen dem Pico do Arieiro und dem Pico Ruivo ist man immer mehrere Stunden unterwegs.

Oben: Wanderungen durch das Hochgebirge Madeiras bieten bei klarer Sicht grandiose Aussichten, es ist allerdings oft etwas frisch auf rund 1800 m Höhe.

Rechts: Beim Canyoning erkundet man abgelegene Schluchten und Wasserfälle. Auf Madeira gibt es sowohl Touren für Anfänger als auch für Fortgeschrittene.

Wasser satt: Im Lorbeerwald von Rabaçal begeistert die Cascata do Risco die Levadawanderer (oben). Schon der Weg dorthin ist stimmungsvoll (unten).

Namen gaben, sondern eine endemische Sturmvogelart. Die *Pterodroma madeira* verbringt fast ihr ganzes Leben auf dem offenen Meer; nisten allerdings geht nicht auf hoher See. Dazu suchen sich die Madeira-Sturmvögel eine möglichst sonnige Spalte in den madeirischen Felsen über 1600 m Höhe, um im Mai ihr Ei zu legen. Pro Pärchen gibt es nur eines, die Jungen schlüpfen im Juli und sind im Herbst flügge. Im nächsten Jahr kommt das monogame Pärchen ins selbe Nest zurück, reinigt es, bessert es aus – und legt wieder ein Ei. Während der Brutzeit bleibt ein Elternteil beim Ei, das andere fliegt fünf, sechs Tage aufs Meer hinaus, um sich zu ernähren. Danach wird getauscht. Klingt alles ganz harmonisch, doch die Freira da Madeira ist bedroht. Zwar steht die seltenste Seevogelart Europas unter höchstem Schutz, und es gibt wohl noch um die 70 Paare, doch ihr Bestand wurde und wird durch Waldbrände, Erosion und vor allem durch verwilderte Katzen oder Ratten dezimiert. Deshalb ist es äußerst wichtig, im Hochgebirge keine Essensreste wegzuwerfen, um nicht etwa Räuber anzulocken.

MADEIRAS ZAUBERTRANK

Wer in den oft nasskalten Lorbeerwäldern oder im zugigen Hochgebirge unterwegs ist, braucht Vitamine und Wärme. Mit anderen Worten: Man braucht dringend „Medizin“ – eine Poncha. Nichts wärmt besser (von innen) als die kräftige Mischung aus Zuckerrohrschnaps, Bienenhonig und frisch gepresstem Zitronensaft. Alles gut verrührt mit einem Holzquirl, über dessen Namen man in Portugal kichert, denn ein *caralhinho* ist auch ein verniedlichtes männliches Geschlechtsorgan. Das Getränk wurde wohl im 16. Jahrhundert von portugiesischen Seefahrern erfunden, die Zitronen als Mittel gegen Skorbut für die langen Seereisen mithilfe von Zuckerrohrschnaps konservierten. Inzwischen gilt die Zitronenvariante als *Poncha à Pescador* (Fischerponcha), während die *Poncha Regional* mit Zitronensaft und

In der urigen Taberna da Poncha in Serra de Água schmeckt die Poncha ganz besonders lecker.

Orangensaft serviert wird. In vielen Bars gibt es ebenso Varianten mit Maracuja-, Baumtomaten- oder Mandarinensaft – der Fantasie sind keine Grenzen gesetzt. Besonders urig sind die Ponchakneipen in den höher gelegenen Gefilden Madeiras, zum Beispiel in der Serra de Água, wo in der „Taberna da Poncha" Erdnüsse zur Poncha gereicht werden und die Schalen dann ganz offiziell zu Boden geworfen werden dürfen. Nichts geht über eine frische Poncha, die fertigen „Souvenir-Ponchas" hingegen schmecken meist viel zu süß und konserviert.

EINZIGARTIGE SCHÖNHEIT

Viele der politischen (Fehl-)Entscheidungen und Bausünden und all die eigenen Sorgen sind vergessen, wenn man am Abend am Pico do Arieiro steht, eingemummelt in eine dicke Windjacke, und den Blick über die faszinierenden Basalttürme und Felsspitzen schweifen lässt. Wenn langsam die Sonne hinter den Bergen verschwindet, den Himmel dabei einfärbt, als wäre er ein Aquarell, ist das überwältigend. Madeiras Höhen haben etwas so Besänftigendes – vor allem in den tiefgrünen Lorbeerwäldern und auf den rauen Felsen des Hochgebirges –, dass man bei diesen Naturerlebnissen Ehrfurcht und Dankbarkeit spürt und einfach nur wiederkommen möchte.

Special

Naturpark Madeira

Grüne Höhen

Lorbeerwald-Dschungel in den tiefen Tälern, Baumheiden, Ginster und Farne auf den Hochebenen – ja, die grüne Natur ist wohl wirklich Madeiras höchstes Gut.

Wenn Sie auf Madeira landen und vom Flughafen nach Funchal fahren, präsentiert sich die Insel allerdings erst mal ziemlich zugebaut und zersiedelt. Doch das Bild täuscht! Etwa zwei Drittel Madeiras sind seit 1982 als „Parque Natural da Madeira" klassifiziert, vor allem im Inselinneren, an der Nordküste und am Ostzipfel finden Sie so gut wie keine Bebauung. Zu den schönsten schützenswerten Landschaften gehören ohne Zweifel die einzigartigen Lorbeerwälder. Nicht ohne Grund ernannte die UNESCO 1999 die *Laurisilva* zum Welterbe, sie bildet bis heute das Herzstück des Naturparks. Vor den Eiszeiten war auch Mitteleuropa von *Laurisilva*-Vegetation – neben den namensgebenden Lorbeerbäumen auch zahlreiche Flechten, Moose, Farne, Baumheiden, Storchschnäbel und vieles mehr – bedeckt. Deren Samen haben es nach der vulkanischen „Geburt Madeiras" per Wind, im Gefieder von Vögeln oder auf Treibholz auf die neue Insel geschafft. Hier konnten sich die Lorbeerwälder bestens ausbreiten, während in Mitteleuropa allmählich alles einfror. Der üppige, immergrüne Lorbeerwald ist also ein lebendes Fossil.

Uralte Lorbeerbäume im Naturpark Madeira

Wer früh genug aufsteht, kann fantastische Ausblicke und Wolkenspektakel genießen.

Besonders schöne Stinklorbeerbäume wachsen im Fanal am nördlichen Rand der Hochebene Paúl da Serra.

Wasser: Fluch & Segen

ALLES FLIESST ...

Was wäre Madeira ohne seine Levadas? Womit würden die vielen Bananenplantagen bewässert, und hätte die Insel ohne Levadas überhaupt genug Strom? Eines ist sicher: Gut, dass es die Levadas gibt – allein schon für die tollen Wandererlebnisse.

Ein Levadeiro in Aktion: Die Arbeiter sind auch dafür zuständig, das Laub aus den Kanälen zu holen.

Niemand vermag genau zu sagen, wie viele Levadakilometer Madeira heute durchziehen, aber es sind wohl weit über 2000. Unglaublich, wenn man bedenkt, dass Madeira nur 57 km lang und 22 km breit ist! Heutzutage erfreuen sich vor allem die Touristen an den Levadas, sie ermöglichen es schließlich, mehr oder weniger eben in die tollsten Täler und die schönsten Lorbeerwälder hineinzuwandern. Zugegeben, auf manchen Levadas geht es schon zu wie auf der A 40 im Ruhrgebiet zum Feierabendverkehr, aber es gibt noch immer viele unbekannte und kaum begangene Levadas. Hier und da würde ein Sicherheitsseil allerdings bestimmt nicht schaden – die Levadeiros jedenfalls müssen absolut schwindelfrei sein. Sie sind für die Instandhaltung der Wasserrinnen und häufig auch für die Zuteilung des Wassers zuständig, sie kennen jeden Bauern entlang der Kanäle und wissen genau, welche Quellen und Bäche welche Levada speisen.

PLACKEREI AM FELS

Schon im 15. Jahrhundert erkannten die ersten Bewohner der Insel, dass es auf der feuchten Nordseite zu viel, auf der sonnigen Südseite, die sich jedoch viel besser zum Anlegen von Ortschaften und Zuckerrohrplantagen eignete, zu wenig Wasser gab. Beim Bau der ersten Bewässerungskanäle mussten afrikanische und kanarische Sklaven die halsbrecherischen Arbeiten in den steilen Felswänden übernehmen – man weiß heute nicht genau, wie viele Menschen dabei ums Leben kamen. Die damaligen Baumeister standen vor der Herausforderung, Gefälle und Fließgeschwindigkeit richtig zu berechnen, was bei den topografischen Gegebenheiten Madeiras auch eine Leistung war.

STROM AUS WASSER

Die meisten Levadas wurden im 20. Jahrhundert angelegt, häufig direkt in Kombination mit Wasserkraftwerken. Momentan treibt Levadawasser zehn Elektrizitätswerke an. Von dem großen Ziel, über 50 Prozent des Inselstroms mit Hilfe von erneuerbaren Energien (vor allem Wind- und Wasserkraft) zu erzeugen, ist

Vor allem an den feuchten Nordhängen der Insel gibt es Wasser im Überfluss. Es wird über ein ausgeklügeltes System zu den Feldern und in die Wasserkraftwerke geleitet.

Oben: Mehrere Elektrizitätswerke erzeugen Energie aus Wasserkraft.
Unten: Manchmal ist die Kraft des Wassers auch zu groß – Betonsperren in den Bachbetten sollen Ortschaften vor Überschwemmungen schützen.

Madeira nicht mehr weit entfernt. Zum Vergleich: Die EU plant den Anteil erneuerbarer Energien am gesamten Endenergieverbrauch bis 2030 auf 42,5 % zu steigern. Ganz ohne Eingriffe in die Natur geht diese Energiewende freilich nicht vonstatten, das beste Beispiel dafür ist das monströse Speicherbecken auf der Hochebene Paúl da Serra, das für das neue Pumpspeicherkraftwerk Calheta III in die Landschaft gefräst wurde. Irgendwann ist die Insel vielleicht gar nicht mehr auf den Import fossiler Energie angewiesen.

WIE EIN RIESIGER SCHWAMM

Die Gegend von Paúl da Serra wählte man für dieses Mammutprojekt, weil das poröse Vulkangestein der Hochebene Niederschläge wie ein Schwamm aufnimmt, es in den Untergrund weiterleitet und somit selbst einen riesigen Wasserspeicher bildet. Man vermutet, dass in den Tuffschichten bis zu 200 Millionen Kubikmeter gespeichert sind. Aber warum versickert das Wasser nicht immer tiefer und verschwindet irgendwann? An einer Basaltschicht bleibt, da wasserundurchlässig, das Wasser hängen, fließt seitlich ab, bis es – meistens an der Nordseite – wieder austritt. An der Quelle wartet dann direkt eine Levada darauf, es weiterzutransportieren.

ZU VIEL UND ZU WENIG WASSER

Ein leidiges Thema: Mal ist zu wenig Wasser da, mal zu viel. Auch immer mehr Auswirkungen des Klimawandels scheinen sich abzuzeichnen: Das Klima wird extremer, die Sommer trockener und heißer (die Waldbrände nehmen zu!), die Winter stürmischer und regnerischer. Im Sommer fällt an der Südseite häufig monatelang kein Tropfen Regen, an der Nordseite wird man hingegen öfters mal nass. Übers Jahr verteilt verzeichnen die Messstationen im Gebirge manchmal bis zu 2000 mm, während Madeiras Jahresdurchschnitt bei etwa 640 mm liegt. Regnet es im Hochgebirge wie aus Eimern, kommt das Wasser in kürzester Zeit in Funchal an, die sonst mickrigen Rinnsale in den einbetonierten „Ribeiras" schwellen an, treten über die Ufer und reißen alles mit, was nicht niet- und nagelfest ist. So wurden bei den Überschwemmungen im Februar 2010 ganze Häuser Richtung Meer geschwemmt, viele Menschen starben. Auch nach fast anderthalb Jahrzehnten sind davon noch Spuren zu sehen: Die Uferpromenade wurde neu gestaltet und in die Flusstäler verbaute man massenweise Beton, um gegen weitere Katastrophen dieser Art gewappnet zu sein. Doch die Zweifel bleiben. Und wenn es mal wieder heftig regnet, schauen alle gebannt die Hänge hinauf.

DIE INSEL IST NOCH NICHT FERTIG

Man muss der Tatsache ins Auge blicken: Madeira ist nicht fertig. Der Regen wird noch viel Geröll die Flusstäler hinunterspülen, egal wie viel Beton verbaut wird. In ein paar Millionen Jahren ist die Insel vielleicht so flach wie Porto Santo, bis dahin muss man wohl hin und wieder etwas Demut vor der Natur – und der Erosion – zeigen.

Fakten & Informationen

Museu da Electricidade Casa da Luz
Rua Casa da Luz 2, Funchal
Di.–Sa. 10–12.30 und 14–18 Uhr
Eintritt 2,70 Euro
www.museucasadaluz.pt
Elektrizitätsmuseum im alten Wärmekraftwerk mit vielen Infos zum Thema Levadas und Energiegewinnung durch Wasserkraft

Bei Wandertouren entlang der Levadas wie hier an der Levada do Moinho folgt man einfach immer dem Wasser …

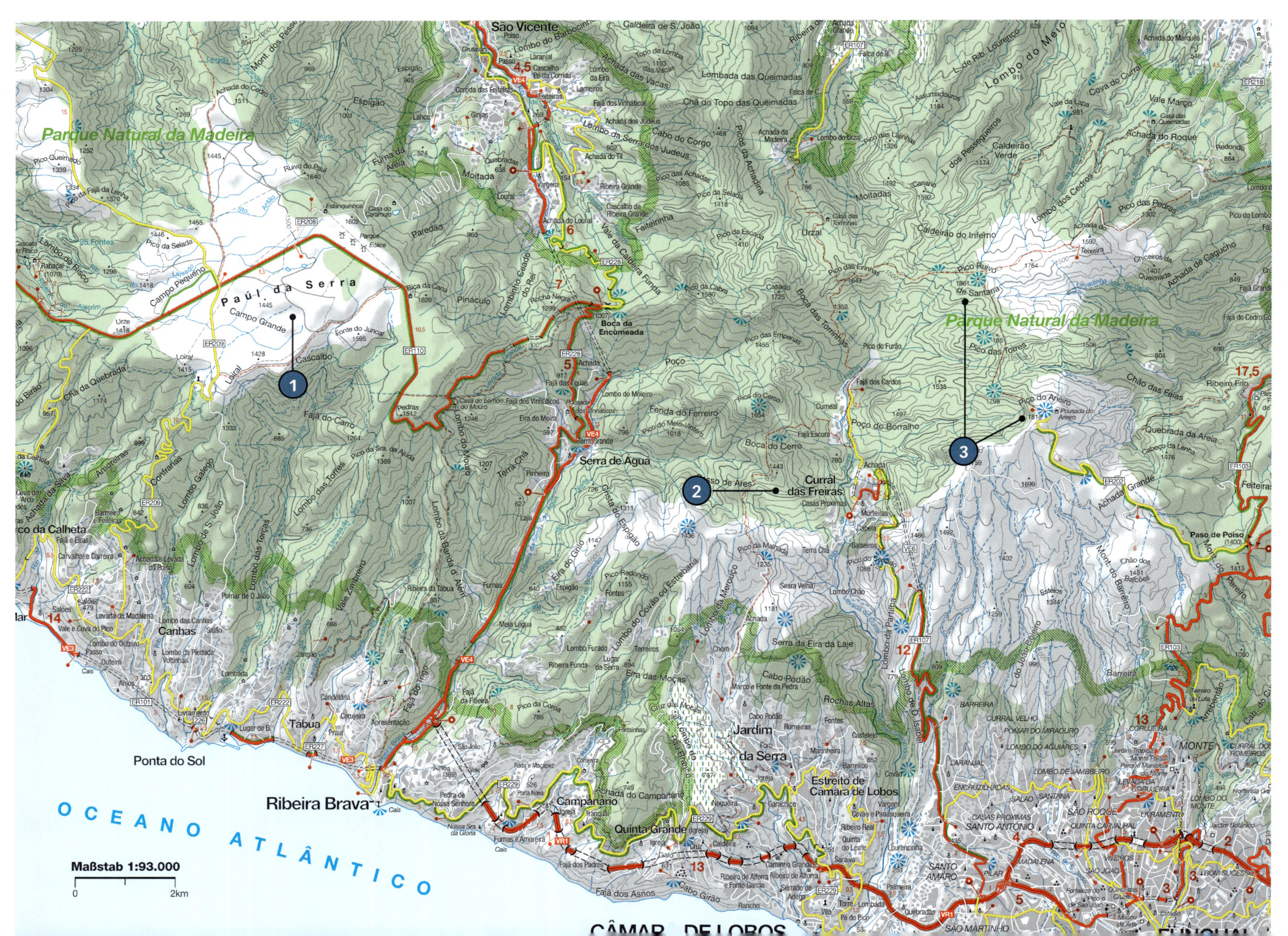

Parque Natural da Madeira
Paúl da Serra
Campo Grande
São Vicente
Boca da Encumeada
Serra de Água
Curral das Freiras
Pico Ruivo
Pico do Arieiro
Jardim da Serra
Estreito de Câmara de Lobos
Campanário
Quinta Grande
Ribeira Brava
Tabua
Canhas
Ponta do Sol
Monte
OCEANO ATLÂNTICO
Maßstab 1:93.000

ZWISCHEN HIMMEL UND BERGEN – UNTERWEGS IN MADEIRAS HÖHEN

Über 1800 Meter reckt sich Madeira aus dem Meer hinauf. Mal zackig und steil, mal eben und neblig – die Hochebenen und Hochgebirge des Inselinneren bilden grandiose Landschaften. Es gibt unzählige Wanderwege, die sich durch die Täler und Höhen ziehen, und viele Aussichtspunkte zwischen West und Ost, die Sie fahrend erreichen.

1 Paúl da Serra

Die Hochebene Paúl da Serra ist karg, häufig windig und gerne ein paar Grad frischer als die unteren Gefilde – kein Wunder, sie liegt auf rund 1400 m Höhe! Viele fühlen sich an ein schottisches Hochmoor erinnert, vor allem im Winter, wenn sich durch die Niederschläge kleine Seen bilden. Paúl da Serra bedeutet übersetzt: Sumpf des Gebirges – und gerade das macht die Faszination aus!

SEHENSWERT

Egal, ob Sie über den Encumeada-Pass, über Canhas, Arco da Calheta, Prazeres oder von Porto Moniz aus hinauf zur Hochebene kurven – es ist faszinierend, wie sich allmählich die Landschaft verändert. Die Ortschaften sind dünner gesät, die Wälder werden dichter, bis Sie sich plötzlich oberhalb der Baumgrenze befinden und nur noch Ginster, Adlerfarne und Moose sehen. Wenn Sie etwas sehen, denn Paúl da Serra hüllt sich gerne in Nebel. Es ist gar nicht so leicht, die „Sehenswürdigkeit" dieser kargen Landschaft auszumachen, denn es ist das Zusammenspiel der Naturgewalten, das den Reiz ausmacht. Es ist eindrucksvoll, wie schnurgerade die ER 110 kilometerlang über die Ebene verläuft – nirgendwo sonst auf Madeira gibt es so gerade Straßen. Vom **Miradouro da Bica da Cana**, am Ostrand des Massivs, haben Sie bei gutem Wetter einen grandiosen Ausblick in Richtung Hochgebirge. In dieser Gegend gibt es mehrere reizvolle Wanderwege, und auch die höchste Stelle der Ebene, der 1640 m hohe **Pico Ruivo do Paúl**, kann erwandert werden. Doch das Wanderparadies schlechthin ist das saftig grüne **Tal von Rabaçal**, nordöstlich des Pico da Urze.

ERLEBEN

Paúl da Serra ist ein Dorado für wetterfeste Wanderfreunde! Rund um das **Forsthaus von Rabaçal** (das vom Wanderparkplatz an der ER 110 per Shuttlebus oder auf einem etwa halbstündigen Fußmarsch erreicht wird) schlängeln sich mehrere Levadas durch die Lorbeerwälder. Sie zapfen das Wasser aus den 25 Quellen oder vom Risco-Wasserfall an und locken täglich Hunderte von Wandertouristen in die Gegend. Während die **Levada do Risco** (hin und zurück ab dem Wanderparkplatz 6,3 km, ca. 2 Std.) und die **Levada das 25 Fontes** (hin und zurück ab dem Wanderparkplatz 8,7 km, ca. 3 Std.) zeitweise einer Wanderautobahn gleicht, geht es auf der **Levada do Alecrim** (Rundweg ab dem Wanderparkplatz 8,3 km, ca. 3 Std.), die zur wundervollen Lagoa do Vento führt, und der anspruchsvollen **Levada da Rocha Vermelha** (hin und zurück ab dem Wanderparkplatz ca. 16 km, 5 Std.) noch ruhiger zu. Südlich der ER 110 durchwandern Sie auf der **Levada do Paúl** (hin und zurück ab dem Wanderparkplatz 10 km, ca. 2,5 Std.) keine Lorbeerwälder, sondern die typische karge Hochmoorlandschaft Paúl da Serras, inklusive weidender Kühe. Einen fantastischen Eindruck von Paúl da Serra und dem nördlich angrenzenden **Wald von Fanal** TOPZIEL bekommen Sie auf dem markierten Wanderweg Vereda do Fanal (PR 13, ein Weg 11,4 km, ca. 4 Std.). Er beginnt auf der Hochebene, bietet unterwegs großartige Aussichten in die tiefen Täler der Nordküste Madeiras und endet am **Forsthaus von Fanal**. Die riesigen Stinklorbeerbäume etwas oberhalb des Forsthauses bilden im leichten Nebeldunst einen verwunschenen Feenwald – ein mystisch-grünes Erlebnis der besonderen Art. Aber auch bei jedem anderen Wetter ist der Anblick dieser uralten Bäume einfach atemberaubend.

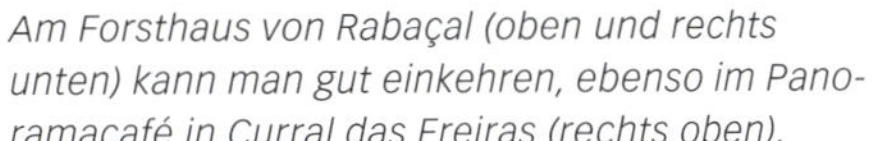

Am Forsthaus von Rabaçal (oben und rechts unten) kann man gut einkehren, ebenso im Panoramacafé in Curral das Freiras (rechts oben).

UMGEBUNG

Eine der landschaftlich spektakulärsten Straßen verbindet Paúl da Serra mit dem **Encumeada-Pass** (ER 110). Wenn sie wegen Bergrutschen gesperrt sein sollte, erreichen Sie die 1007 m hohe Passhöhe auch von São Vicente oder Ribeira Brava aus. Oben gibt es neben einem Souvenirshop tolle Aussichten Richtung Nord- und Südküste, auch mehrere Wanderwege beginnen dort.

INFORMATION

s. Porto Moniz (S. 85)

2 Curral das Freiras

Kaum ein Ort auf Madeira, von dem aus man das Meer nicht sieht. Curral das Freiras gehört dazu, es liegt tief in einem fast kreisrunden Tal, das man lange für einen Vulkankrater hielt. Inzwischen sind sich die Geologen einig, dass das kleine Flüsschen, das heute durch den Ort fließt, einst dieses dramatische Tal geschaffen hat. Hunderte von Meter ragen die Spitzen der umliegenden Berge in die Höhe und bilden eine einzigartige Kulisse.

SEHENSWERT

Stall der Nonnen, so nennt man diese Ortschaft schon seit dem 16. Jh., als die Nonnen des Klarissenklosters Santa Clara in Funchal vor Piraten flüchten mussten und sich für Wochen in die Ställe und Schuppen auf ihren Ländereien verzogen. Der Name blieb, von den Nonnen gibt es aber keine Spur mehr. Heute kommen dank der inzwischen einigermaßen gut ausgebauten Kurvenstrecke und dem neuen Tunnel vor allem Tagestouristen. Die Dorfkirche **Nossa Senhora do Livramento** stammt aus dem 19. Jh. Hübsch angelegt ist der angrenzende **Friedhof**, auf dem in den trommelartigen Blechbüchsen mit Blumen und Fotos der Verstorbenen gedacht wird.

Meine Lieblingseinkehr

„Für mich gibt es nichts Besseres, als nach einer schweißtreibenden oder gar feuchtnassen Wanderung im Lorbeerwald in einer warmen Hütte einzukehren! Die schönste ist im Forsthaus von Rabaçal, sie ist modern, aber urgemütlich, und versorgt die Wanderer mit frischen Kuchen, Quiches, Sandwiches und Suppen. Und sogar mit Betten, wenn Sie mitten im Wald übernachten mögen." (Wanderführerin Sofia)

INFORMATION

Rabaçal Nature Spot Café,
Tel. 963797356

500 Meter über dem mittlerweile 2000 Einwohner zählenden Ort thront der markante Aussichtsfels **Eira do Serrado** (1053 m), an dem viele Ausflugsbusse haltmachen. Lassen Sie sich davon nicht abschrecken, die Aussicht vom in wenigen Minuten erreichten Miradouro ist wirklich spektakulär.

ERLEBEN

Ein schöner **Wanderpfad** führt in Serpentinen von Curral das Freiras hinauf zur Eira do Serrado; einst war dieser Weg der einzige Zugang ins Dorf. Je nach Richtung und Kondition benötigt man für die gut 3 km zwischen ein bis zwei Stunden. Zurück geht es auf dem gleichen Weg, oder Sie nehmen den Linienbus Nr. 81 von hier aus zurück nach Funchal.
Zwei Flussbadestellen begeistern im Sommer die badefreudigen Nonnentalbewohner (und Besucher): der **Poço dos Chefes**, südlich des Ortskerns, und der **Poço do Fantelho** im höher gelegenen Ortsteil Fajã Escura.

Souvenirshop am Encumeada-Pass. Es gibt hausgemachte Kuchen und sonnige Terrassen wie im Forsthaus von Rabaçal: In Madeiras Höhen wird bestens für Wanderer gesorgt.

HOTEL

Das **€ Eira do Serrado** (Tel. 291710060, www.eiradoserrado.com) ist eines der ganz wenigen Hotels in den Bergen Madeiras. Die einzigartige Aussicht auf das Nonnental und die Berggipfel des Hochgebirges genießen Sie von allen Zimmern und auch vom beheizten Innenpool aus. Im gemütlichen Restaurant werden vorzügliche Spezialitäten serviert.

RESTAURANT

Die großen Panoramafenster des sympathischen Restaurants **€ Sabores do Curral** TOPZIEL (Caminho da Pedra, Tel. 291712257) offenbaren eine spektakuläre Aussicht auf die grünen Steilwände, die das Nonnental begrenzen. Bei schönem Wetter sitzen Sie herrlich auf der Dachterrasse. Geboten werden natürlich die typischen Kastanienspezialitäten, aber auch andere deftige Gerichte und so manche cremige Sünde aus der Nachtisch-Vitrine.

UMGEBUNG

Auf dem Weg ins Nonnental, das nur über Funchal zu erreichen ist, lohnt sich ein Stopp am **Pico dos Barcelos**, in Funchals Stadtteil Santo António (11 km von Curral das Freiras entfernt). Der etwa 350 m hohe Vulkanhügel bietet tolle Aussichten über die Bucht von Funchal. Vor allem am Abend ein eindrucksvolles Bild!
Wenn Sie tagsüber unterwegs sind, ein Auto mit ausreichend PS fahren und die Wetterverhältnisse es zulassen, lohnt sich die **Panoramafahrt** über eine besondere Verbindungsstraße: Sie beginnt kurz nach der Abzweigung zur Eira do Serrado und trifft unterhalb des Pico do Arieiro auf die ER 202. Man legte sie nach den Waldbränden von 2010 an, um abgelegene Hochgebirgsstellen schneller erreichen zu können.

INFORMATION

s. Funchal (S. 39)

3 Pico do Arieiro und Pico Ruivo

Die höchsten Zacken Madeiras bilden eine Welt für sich, dramatisch steil stürzen die Felswände in die tiefen Täler, einzigartig leuchten im Sommer die zart blühenden Pflänzchen auf den steinigen Hängen. Dunkle Basalttürme und gelb-rötliche Tuffschichten setzen Farbakzente in das Panorama aus blauem Himmel und weißen Wolken. Ein Traum von einem Hochgebirge.

SEHENSWERT

Der 1818 m hohe **Pico do Arieiro** TOPZIEL, Madeiras dritthöchste Erhebung, ist über die Panoramastraße ER 202 vom Poiso-Pass kommend bestens zu erreichen. Am Besucherzentrum parken Ausflugsbusse und die Autos von Wanderern, im Café wärmen sich all diejenigen auf, die ihre Jacke in Funchal vergessen haben, manche kaufen sich auch schnell noch eine warme Wollmütze im Souvenirshop. Ja, hier oben kann es manchmal frisch sein.
Ein paar Treppenstufen führen hinauf zur höchsten Stelle des Arieiro, der grandiose Blick wird nur von der riesigen Radarkugel gestört, an der man den Berg schon von Weitem erkennt. Auf der anderen Seite der Radarstation beginnt ein kleiner Pfad, der zur Aussichtskanzel **Miradouro do Juncal**, hoch über dem dicht mit Lorbeerbäumen zugewucherten Tal der Fajã da Nogueira, führt (hin und zurück ca. 30 Min.).
Etwas unterhalb der ER 202 ist ein steinernes Iglu zu sehen: In diesem **Poço da Neve** lagerte man im 19. Jh. Schnee ein, der dann im Sommer zu Sorbets verarbeitet wurde. Den **Pico Ruivo**, mit 1862 m Höhe Madeiras höchste Kuppe, kann man nur wandernd erklimmen. Die einfachste Variante startet am Höhenzug Achada do Teixeira oberhalb von

Santana (hin und zurück 5,6 km, ca. 2 Std.). Schwieriger, aber dafür ungleich spektakulärer ist der Verbindungspfad vom Pico do Arieiro hinüber (hin und zurück 14 km, ca. 6 Std.).

RESTAURANT

Schon früher stärkten sich an der 1412 m hohen Passhöhe die Madeirer, die zu Fuß zwischen der Nord- und der Südseite der Insel unterwegs waren. 1850 ließ der damalige Gouverneur ein Schutzgebäude bauen – die Casa do Abrigo do Poiso. Heute überqueren nur noch Wanderfreaks die Insel zu Fuß, mit dem Auto kommen Sie bequem zum Paso do Poiso. Prima, so können Sie im urigen Restaurant **€€ Abrigo do Poiso** (tgl., Tel. 291782269) einkehren und die deftigen Grillspezialitäten probieren.
Direkt am Wanderparkplatz Achado da Teixeira, am Beginn des Wanderwegs hinauf zum Pico Ruivo, lockt das gemütliche **Mountain Spot Café** (tgl., Tel. 967344907) mit Kuchen, Snacks und kühlen oder warmen Getränken.

VERANSTALTUNGEN

Ordentlich getrunken wird beim alljährlichen Parteifest der PSD Madeira, einer Art Polit-Party in den Bergen. Die seit Beginn der Demokratie 1974 auf der Insel omnipräsente „sozial-demokratische", jedoch wohl eher mit der bayerischen CSU vergleichbare Partei besitzt unterhalb des Poiso-Passes ein Gelände, das sie jedes Jahr Ende Juli zur inzwischen schon legendären **Festa do Chão da Lagoa** nutzt. Treue Wähler (und solche, die es noch werden sollen) werden zu einem Volksfest mit Konzert, Kundgebungen und viel Speis und Trank in die Berge eingeladen. Etwa 25000 Madeirer folgen jährlich dem Ruf. Die Eintrittspreise und auch die Tickets für die rund 170 Busse sind nur symbolisch, und so gibt sich die Partei, die ebenso wie Madeira selbst über 36 Jahre (!) lang von dem nicht unumstrittenen Populisten Alberto João Jardim angeführt wurde, volksnah und jovial.
Seit 2015 entscheidet nun Miguel Albuquerque, der einstige Bürgermeister von Funchal, über die politischen Geschicke der Insel. Dazu gehört auch das Stopfen eines monumentalen Schuldenlochs, das sein Vorgänger mithilfe eines Gestrüpps aus Korruption, Firmenverflechtungen und teuren Infrastrukturprojekten gegraben hat.

UMGEBUNG

Fahren Sie vom Poiso-Pass Richtung Norden, erreichen Sie **Ribeiro Frio**. Viele Ausflugsbusse halten an den idyllisch im Lorbeerwald gelegenen Forellenzuchtbecken, und auch der etwa einstündige Spaziergang zum spektakulären Aussichtspunkt **Balcões** ist sehr beliebt. Kein Wunder, der Panoramablick hinauf zum Pico do Arieiro, zum gezackten Pico das Torres und zur Kuppe des Pico Ruivo ist ebenso herrlich wie der Weg durch den Lorbeerwald zur Aussichtskanzel.

INFORMATION

s. Funchal (S. 40) oder Santana (S. 87)

WANDERN UND WOHNEN IM EINKLANG MIT DER NATUR

Klar kann man die Berge und Täler Madeiras auch allein erwandern, viele Wege sind schließlich bestens markiert, und wer einen Mietwagen hat, der kommt auch an die meisten Wanderspots. Doch wenn Sie lieber über verstecktere und nicht überlaufene Pfade gehen möchten, und das immer genau auf der Seite der Insel, auf der das Wetter gerade am schönsten ist, dann brauchen Sie das Know-how eines erfahrenen Guides.

Zum Beispiel von Christa Dornfeld. Sie lebt mit ihrer Familie seit fast 25 Jahren auf der Insel und kennt wirklich jeden Stein, jede Levada, jeden Miradouro, jede Abkürzung und jede lohnende Extraschleife. Sie weiß die Blumen zu bestimmen und die Wolken zu lesen und teilt ihr Wissen nur zu gern mit ihren Wandergästen. Etwas ganz Besonderes sind die mehrtägigen Inselüberschreitungen und die Yoga-Wander-Wochen, bei denen man so richtig eintaucht in die Natur. Christa, ihrem Mann Gerald Bretterbauer, ihren Söhnen Richy und Raimund sowie ihrem Team liegt ein sanfter Tourismus sehr am Herzen, und das spürt man nicht nur bei den Wanderungen, sondern auch auf der mit dem Umweltsiegel Green Key ausgezeichneten Quinta dos Artistas oberhalb von Santa Cruz.

Einfach mal zur Ruhe kommen: beim Yoga am Meer und in der Quinta dos Artistas

Zwischen den zum größten Teil bereits energieautarken Gästehäusern wachsen Süßkartoffeln und Salate, Feigen und Bananen und viele andere Gemüse- und Obstsorten: Die biologische Landwirtschaft mit vielen Ideen der Permakultur ist neben der Kunst und der Musik eine große Leidenschaft der Familie Bretterbauer. Wenn Sie hier Ihre Wanderwoche verbringen, kommen Sie an dem großen Holztisch im Restaurant auch in den Genuss, die selbst angebauten Köstlichkeiten zu probieren.

Informationen: Quinta dos Artistas, Rua Nossa Senhora dos Remedios 9100-125 Santa Cruz, Tel. 915693204, https://quintadosartistas.com

Südwestküste

*

MADEIRAS WILDER WESTEN

*

Hohe Felsen trennen die Küstendörfer an Madeiras Sonnenseite voneinander, steile Serpentinen winden sich in höher gelegene Gemeinden, in denen noch viele Äcker bestellt sind. Was für Aussichten, was für Farben! Das Blau des Meeres, das Braun des Gesteins, das Grün der Pflanzen. Dazwischen weiße Haustupfer mit roten Dächern – eine wahre Idylle.

Den Elementen ganz nah: In Ponta do Sol gibt es grandiose Aussichten auf das Meer.

Auch in der sonnigsten Ecke der Insel geht irgendwann die Sonne unter: Madalena do Mar liegt malerisch zwischen steilen Felshängen.

Der Südwesten Madeiras, vor allem die Gegend um Ponta do Sol (rechts), eignet sich hervorragend zum Bananenanbau.

Der mit blau-weißen Azulejos verzierte Kirchturm von Ribeira Brava gehört zu den kunstvollsten der Insel.

In Jardim do Mar rollen perfekte Surferwellen heran.

Was heute als schöne, aber schweißtreibende Wanderung gilt, war früher ganz normaler, mühseliger Alltag der Dorfbewohner. Dona Leopoldina, Müllerstochter aus Jardim do Mar, kann sich noch gut daran erinnern, wie sie als Kind morgens nach Prazeres hochstieg, um auf den Feldern der Familie zu arbeiten, und am Abend mit Getreide, Kartoffeln oder Brennholz beladen wieder hinabstieg. Inzwischen besichtigen Wanderer die alte, hübsch restaurierte Wassermühle in Jardim do Mar, wenn sie auf den historischen Verbindungspfaden unterwegs sind. Die Einheimischen hingegen sind froh, dass sie heute die Straße und das Auto nehmen können. Es ist auch so tagtäglich noch genug zu tun. Denn die nur in den seltensten Fällen mit modernen Gerätschaften zu bewältigende Feldarbeit ist hier nach wie vor mühsam.

Doch sei es auf den schmalen Bananenplantagen von Ponta do Sol und Madalena do Mar, auf den mit unzähligen Vogelscheuchen gezierten Äckern von Prazeres und Fajã da Ovelha, auf den Feldern entlang der höher gelegenen Levadas oder auf den fruchtbaren Fajãs unterhalb der Steilküsten – die Bauern nehmen sich immer noch Zeit für ein Pläuschchen mit dem Nachbarn oder für einen freundlichen Gruß an die vorbeiwandernden Inselbesucher.

TUNNELBLICK IN DEN TIEFEN WESTEN

Inzwischen hat die Schnellstraße Via Expresso 3 (VE3) Ponta do Pargo erreicht. Durch Tunnel und über spektakuläre Talbrücken kann man jetzt in Rekordzeit zur Westspitze Madeiras rauschen. Wer heute mal eben vom Flughafen nach Ponta do Pargo fahren will, benötigt für die gut 60 km nur mehr eine Stunde.

Die kurvenreichen Landstraßen sind nur noch etwas für Anwohner, Nostalgiker oder Menschen, die es langsam und gemächlich mögen und auf ihrer Inselrundfahrt mehr sehen möchten. Ruhe suchende Urlauber und gestresste Funchalesen lieben gerade die Abgeschiedenheit und Stille im ländlichen Westen,

Das MUDAS. Museu de Arte Contemporânea da Madeira in Calheta zeigt wechselnde Ausstellungen zeitgenössischer Kunst.

Schmale Gässchen führen durch das niedliche Fischerdorf Jardim do Mar.

In der Pfarrkirche von Calheta lässt sich eine Holzdecke im Mudéjar-Stil bewundern.

Design im „Zuckerhotel“:
das Savoy Saccharum in Calheta

Alte Gerätschaften in der Zuckermühle von Calheta

sie genießen die einsamen Aussichtspunkte wie an der Capela Nossa Senhora da Boa Morte in Cabo oder am Wasserfall der Garganta Funda nahe Ponta do Pargo. Am Leuchtturm ist schon etwas mehr los, doch insgesamt wird der Westen bisher nur selten von großen Ausflugsbussen auf Inselrundfahrten angefahren, auch größere Hotels kann man noch immer an einer Hand abzählen. Stattdessen bauten Liebhaber der Region mit Liebe zum Detail und großem Respekt für die alten Mauern verfallene Bauernhäuser zu Wochenenddomizilen oder Ferienwohnungen aus. Manche dieser „Turismo Rural“-Unterkünfte sind für die Sommermonate schon lange im Voraus ausgebucht.

Wer einmal die einzigartigen Landschaften und Levada-Wanderwege, die Ruhe und die herzlichen Dorfbewohner kennengelernt hat, kann sich beim besten Willen nicht mehr vorstellen, in Funchal oder Caniço zu urlauben. Vielleicht freut man sich trotzdem, dass das Feriendomizil inzwischen ein paar Minuten schneller zu erreichen ist. Solange es weiterhin vom Massentourismus verschont bleibt …

BEI DEN SURFERN UND CHILLERN

Heute läuft die Welle nicht. „Flat“, sagen die Surfer, der „Swell“ passt eben gerade nicht. Die Jungs in ihren Kapuzenpullis kommentieren die grandiosen Sessions der letzten Tage, halten dabei ein buntes Getränk in der Hand und sehen so entspannt und glücklich aus, dass man am liebsten auch gleich ihren Sport (oder ihre Religion?) erlernen möchte. Die Wellen der Südwestküste sind aber wirklich nichts für Anfänger. Sie brechen über den Felsen der steinigen Küste, ein Point-Break, wie die Könner sagen. Einfacher ist es in Porto da Cruz oder Seixal und besser ist es in Jardim do Mar.

Manche nannten Madeira wegen dieser Wellen schon das „Hawaii Europas“, Surfprofis kommen im Winter zum Trainieren her. Wenn sie nicht auf ihren Brettern stehen, sitzen sie zum Beispiel in der gemütlichen Joe’s Bar in Jardim do Mar oder im chilligen Maktub in Paúl do Mar (s. S. 96) und schlürfen Fruchtsäfte oder Cocktails. Fabio, der Inhaber des Maktub, ist selber Surfer und jeden Tag dankbar dafür, wenige Meter vom Meer entfernt zu arbeiten. Er organisiert seit ein paar Jahren ein hochkarätiges Reggae-Festival: Das „Maktub Soundsgood“ lockt immer Anfang Mai Hunderte Reggae-Fans an den Steinstrand von Paúl do Mar.

In den Sommermonaten füllt sich dieser auch mit Badegästen, vor allem Einheimischen, denen die groben Kieselsteine nicht so viel ausmachen. Da sind die Madeirer wirklich schmerzfrei: Sie lieben ihre „Calhaus“ entlang der Küste, und so verwandeln sich die Kiesstrände von Ribeira Brava, Ponta do Sol, Madalena do Mar, Jardim do Mar und Paúl do Mar in „Praias“. Wer doch einen Sandstrand sucht, wird in Calheta fündig: Hier wurden mit über 40 000 Kubikmetern Wüstensand aus Marokko zwei künstliche Badebuchten befüllt.

EIN LICHT IN DER NACHT

Portugals höchstgelegener Leuchtturm thront seit 1922 auf der westlichsten Klippe Madeiras, 312 m über dem Meer. Ein kleiner Pfad führt bis auf die vorgelagerte Felsnase der spitz ins Meer ragenden Ponta da Vigia bei Ponta do Pargo, die Aussichten auf die einsamen grünen Hänge sind spektakulär. Im Sockelbau des 15 m hohen Turms informiert eine schon etwas in die Jahre gekommene Ausstellung über die Leuchttürme auf der Insel.

Viel spannender ist es jedoch, einen der vier sich abwechselnden Leuchtturmwärter zu treffen, am besten, wenn er gerade nichts zu tun hat, oder wenn Mittwochnachmittag ist: Dann führt er interessierte Besucherinnen und Besucher die enge Wendeltreppe hinauf und erklärt, wie die 1000 Watt starke Leuchte und die Fresnel-Linsen funktionieren.

Viele Bauern nutzen die Levadapfade, um zu ihren Feldern zu kommen.
Einfach ist die Landwirtschaft in dem steilen Gelände trotzdem nicht.

Ein weißer Klecks in der grünen Landschaft: die Capela da Boa Morte bei Ponta do Pargo.

Special

Kunst auf Madeira

Wenn Zucker zu Kunst wird

Flämische Meister auf einer Atlantikinsel? Oh ja! Doch nicht nur alte Malerei erfreut die Kunstfreunde, Madeira hat sich auch in der modernen Szene einen Namen gemacht.

Das weiße Gold löste auf Madeira schon kurz nach Beginn seiner Besiedlung einen Boom aus: Zucker war im Europa des 15. und 16. Jahrhunderts gefragt, auf der frisch entdeckten Atlantikinsel wuchs Zuckerrohr wunderbar – schon war der Zuckerhandel in vollem Gang. Bezahlt wurde das süße Gut nicht selten mit wertvollen Gemälden aus Flandern, schließlich dominierten flämische Händler das Geschäft. So manche Dorfkirche, vor allem im zuckerreichen Südwesten, schmückte sich mit den Werken von Joos van Cleve oder Gerard David, nachdem Kaufleute um ihres Seelenheils willen kunstvolle Heiligendarstellungen gestiftet hatten. Heute sind die Gemälde im Museum für sakrale Kunst in Funchal zu bewundern.

Das MUDAS in Calheta

Auf zeitgenössische Kunst trifft man in den engagierten jungen Galerien Funchals oder an den bemalten Türen der Altstadt. Die ein oder andere Wand wird von anspruchsvoller Street Art geziert. Doch das absolute Highlight der Szene ist das Museu de Arte Contemporânea. Allein die gewagte Architektur hoch oben auf den Klippen von Calheta ist atemberaubend, und die wechselnden Ausstellungen begeistern die Kunstwelt.

Die Landschaft hinter dem Leuchtturm war in den letzten zehn Jahren immer wieder Gegenstand großer Polemiken: Kommt ein neuer Golfplatz, kommt er nicht? 80 Hektar landwirtschaftliche Flächen hatte man für über sechs Millionen Euro von den Bauern gekauft und aufgerissen, um die Gegend mit dem Mammutprojekt touristisch aufzuwerten. Doch daraus wurde dann zunächst doch nichts, bis das Ganze 2023 wieder aufgenommen wurde. Laut Inselpräsident Miguel Albuquerque sollte einer der „schönsten Golfplätze Europas“ bis Ende 2024 fertiggestellt sein.

STOLZER HAFEN AUF ZEIT

Ein anderes fehlgeplantes Großprojekt wurde im Jahr 2015 endgültig aufgegeben: die letztendlich rund 110 Millionen Euro teure Marina von Lugar de Baixo, die bereits kurz nach ihrer Einweihung von enormen Wellen wieder zerstört worden war. Ganze fünf Monate war der Jachthafen in Betrieb.

Nicht nur die Surfer hatten eindringlich vor dem Projekt gewarnt, auch die Fischer des Orts. Es wundert sie nicht, dass die schick geplante Marina heute eine traurige Bauruine ist. Manchmal ist es eben doch besser – und vor allem günstiger –, die Natur einfach so prachtvoll zu belassen, wie sie ist.

Frauenpower

DESIGN UND WEIN AUS FRAUENHAND

Frauen, die hochwertigen Madeirawein produzieren, eine Designerin, die weltweit mit ihrer Innenarchitektur Furore macht, rüstige Damen, die traditionelles Kunsthandwerk herstellen – Madeiras Frauen bringen jede Menge Power auf die Insel!

Wer sorgte einst dafür, dass die Madeirastickerei weltberühmt wurde? Elizabeth Phelps, tatkräftiges Mitglied einer englischen Weinhändlerfamilie auf Madeira, präsentierte die filigranen Handarbeiten ihrer Schülerinnen 1851 auf der Weltausstellung in London. Plötzlich kamen Aufträge, es entstanden professionellere Manufakturen und immer mehr Arbeitsplätze für Frauen – in den 1920er-Jahren waren es rund 70000! Heute sticken noch etwa 400 „Bordadeiras“ die besonderen Muster; Madeirastickerei ist eben etwas aus der Mode gekommen.

MODE UND DESIGN VON DER INSEL

Und doch gibt es weiterhin innovative Designideen von der Insel! Madeira hat eine der berühmtesten Modedesignerinnen Portugals hervorgebracht: Fátima Lopes aus Funchal eröffnete in den 1990er-Jahren in Paris ein Geschäft und nahm als erste Portugiesin an der Pariser Fashion Week teil. Nicht weniger stylish sind die Werke der Designerin Nini Andrade Silva. Die 1962 in Funchal geborene Möbeldesignerin und Innenarchitektin gestaltet weltweit Hotels und andere Gebäude – und schafft dabei fantastische Räume. Auf Madeira können Sie ihre Gabe etwa in deren Design Centre auf der Hafenmole, im neuen Savoy Palace und im The Vine Hotel in Funchal bewundern oder – eine wirkliche Freude – im Saccharum Hotel in Calheta. Dort dreht sich alles ums Zuckerrohr, das Thema spiegelt sich auf faszinierende Weise in der Innendekoration wider. In der Lobby und der angeschlossenen Zuckerausstellung fühlen Sie sich wie in einem gestylten Museum!

KUNST UND WEIN

Fast schon museal ist auch der Webstuhl im Cantinho de Artes e Oficios im Herzen von Ponta do Sol. Rüstige Damen weben und werkeln hier, was das Zeug hält. Heraus kommen wundervolle Accessoires wie Taschen, Decken und Kissenbezüge. Die Frauen sind glücklich, dass sie ihr Kunsthandwerk an so prominenter Stelle präsentieren können, und die Besucher freuen sich zu sehen, wie am Webstuhl wahre Kunstwerke – und praktische Mitbringsel – entstehen.

Das berühmteste Mitbringsel der Insel produzieren und vermarkten seit Jahrhunderten Weinhändlerfamilien, doch nie war in dem Zusammenhang von Frauen die Rede. Das hat sich nun geändert. Sechs Frauen entwickelten gemeinsam einen leichten Madeirawein mit nur 17 % Alkohol, entwarfen ein neues Design und gewannen schwupps Preise, so für ihren innovativen „Madeira Vintners“. Passend zum Weltfrauentag am 8. März stellen sie ihre neuen fünf Jahre gereiften Weine vor.

Kunsthandwerklich begabte Frauen weben, nähen und schneidern im Cantinho de Artes e Oficios in Ponta do Sol.

Die madeirische Designerin Nini Andrade hat das Saccharum Hotel in Calheta gestaltet (links die Lobby), inklusive der Ausstellung zur Zuckerproduktion (oben).

Fakten & Informationen

Design Centre Nini Andrade Silva
Estrada da Pontinha, Funchal
Ausstellung tgl. 11–19 Uhr, Shop tgl. 11–24 Uhr,
Lounge & Cafeteria tgl. 11–23 Uhr
www.ninidesigncentre.com

Cantinho de Artes e Oficios
Largo do Pelourinho, Ponta do Sol
Mo.–Fr. 10.30–13 und 14–17 Uhr

Weine der Madeira Vintners
In den Läden der Cooperativa Agrícola do Funchal, z. B. im Mercado dos Lavradores oder in Calheta (Estrada Calheta 695); Infos über Facebook

OCEANO ATLÂNTICO
Maßstab 1:93.000
0
2km
Ponta do Pargo
Ponta do Pargo
Fajã da Ovelha
Paúl do Mar
Ponta Pequena
Jardim do Mar
Ponta do Jardim
Prazeres
Estreito da Calheta
Ponta da Galé
Calheta
Arco da Calheta
Madalena do Mar
Canhas
Ponta do Sol
Ribeira Brava
Campanário
Serra de Água
São Vicente
Seixal
Ponta do Poiso
Ilhéu das Ceroulas
Moitada
Paúl da Serra
Campo Grande
Campo Pequeno
Parque Natural da Madeira
Ribeira da Janela
Lombo do Cedro
Fajã dos Remos
Cova do Negro
Lombo de S. Pedro
Achada Grande
Cab. da Roseira
Cab. de Aposento
Cab. das Covas
Cab. da Esmoutada
Lombo Alto
Lombo Gordo
Lombo Magro
Lombo Moiro
Fanal
Lagoa
Cabeços
Terra Chã
Fajã da Pedra
Mont. dos Pessegueiros
Espigão
Furna da Areia
Paredão
Pináculo
Lombinho Ceado do Rei
Lombo do Mouro
Lombo da Banda d'Além
Vale Zimbreiro
Lombo das Torres
Fajã do Carro
Cascalbo
Lombo das Terças
Lombo de S. João
Lombo Galego
Confrarias
Amoreiras
Achada da Silva
Cova do Birão
Chã da Quebrada
Lombo da Atouguia
Achadinha
Lombo do Doutor
Lombo do Salão
Lombo Grande
Lombo dos Castanheiros
Lombo da Rib. Funda
Lombo das Urzeiras
Lombo da Igreja
Lombo do Coelho
Lombo da Raposeira
Lombo dos Verdes
Lombo do Meio
Passada Vermelha
Lombos
Achada do Mestre
Pico da Urze
Pico Gordo
Pico da Camoinha
Pico Queimado
Pico da Fajã da Lenha
Pico da Selada
Lombo do Risco
25 Fontes
Rabaçal
Urze
Loiral
ER110
ER101
ER209
ER211
ER222
ER223
ER224
ER210
ER208
ER221
ER228
ER229
VE2
VE3
VE4
1
2
3
4
5

AUF DER SONNENSEITE

In Madeiras Südwesten scheint am häufigsten die Sonne – doch eine mit Hotelresorts zugepflasterte Küste brauchen Sie hier nicht zu befürchten. Stattdessen schmiegen sich idyllische Fischerorte und reizvolle Städtchen an den steinigen Meeressaum, und so manche kunstvolle Überraschung!

1 Ribeira Brava

Wo der „wilde Fluss" ins Meer mündet, entstand schon im 15. Jh. eine der ersten Siedlungen der Insel. Im Gegensatz zu anderen Orten an der Südküste lebte man nicht vom Fischfang, sondern vor allem vom Handel, denn hier kreuzte sich die Nord-Süd-Verbindung über den Encumeada-Pass mit dem Ost-West-Weg entlang der Küste. Heute zählt das Städtchen etwa 6200 Einwohner.

SEHENSWERT/MUSEUM

Hübsch angelegt ist die großzügige **Uferpromenade** zwischen Flussmündung und Felsklippe. In ihrer Mitte sind Reste eines alten **Forts** aus dem 17. Jh. zu sehen. Wo einst Piraten abgewehrt wurden, befindet sich heute die Touristeninformation. Der mit kunstvollen Azulejos und einer eisernen Armillarsphäre verzierte Turm der **Igreja de São Bento** aus dem 16. Jh. überragt die Altstadt. Im Inneren der Kirche bestechen das manuelinische Taufbecken, die prachtvollen Barockaltäre und die wertvollen flämischen Gemälde. Einige Schritte weiter steht das **Rathaus**, ein gut erhaltenes Herrenhaus aus dem 18. Jh.
Im Volkskundemuseum **Museu Etnográfico da Madeira** (Rua de São Francisco 24, Di.–Fr. 9.30–17, Sa. 10–12.30/13.30–17.30 Uhr) erfahren Sie Wissenswertes über die Wirtschafts- und Kulturgeschichte Madeiras. Zu sehen sind zum Beispiel zahlreiche Gerätschaften aus dem Zuckerrohr- und Weinanbau, aus Fischerei, Landwirtschaft und (Kunst-)Handwerk.

RESTAURANT

Modern und farbenfroh gibt sich das €€ **Restaurant & Grill Muralha** (ER 220, Nr. 1, Tel. 291952592) oberhalb des Kieselstrandes, in dem Sie bestens Fisch- und Fleischgerichte essen können.

UMGEBUNG

10 km östlich von Ribeira Brava führt nahe Quinta Grande eine moderne **Seilbahn** hinunter zur **Fajã dos Padres** TOPZIEL (www.fajadospadres.com, tgl. 10–18, im Sommer bis 19 Uhr). Die fruchtbare Schwemmfläche, 300 m unterhalb der Klippe, hat ein besonderes Mikroklima, in dem exotische Früchte und süße Malvasia-Trauben gedeihen. Schon die Jesuiten wussten das zu schätzen, heute kommen Besucher zum Flanieren, Baden und Besuch des sympathischen Restaurants. Wer es einsam mag, kann sich in einem Ferienhaus einmieten.

Lauschige Plätzchen wie Joe's Bar, exklusive Hotels wie das Estalagem Ponta do Sol (s. S. 70) und einsame Wege: Im Südwesten ist der Massentourismus noch nicht angekommen.

INFORMATION

Posto de Informação Turística Ribeira Brava
Forte de São Bento,
Tel. 291951675

2 Ponta do Sol

Sonnenpunkt – damit ist eigentlich fast alles gesagt. Die reizvolle Altstadt schmiegt sich malerisch zwischen zwei Felsen. Insgesamt leben etwa 4200 Menschen im sonnigsten Ort der Insel, der dank des Zuckerrohranbaus schon früh zu Wohlstand gelangte. Heute wachsen rund um den Ort Bananen.

SEHENSWERT

Fast schade, dass man die kleine **Uferpromenade** und die pittoreske **Altstadt** in wenigen Minuten gesehen hat – sie ist so hübsch, dass man gerne noch weiter spaziert wäre. Die Pfarrkirche **Nossa Senhora da Luz** stammt in dieser Form aus dem 18. Jh., vom Vorgängerbau aus dem 15. Jh. sind neben der im Mudéjar-Stil geschnitzten Holzdecke ein Taufbecken und eine Marienstatue erhalten. Das moderne **Kulturzentrum** ist nach dem amerikanischen Schriftsteller John dos Passos (1896–1970) benannt, dessen Großvater im 19. Jh. von Ponta do Sol in die USA auswanderte.

ERLEBEN

Eine der seltenen Möglichkeiten, eine **Levadawanderung als Rundtour** zu laufen, bietet sich oberhalb von Ponta do Sol – sofern man Trittsicherheit mitbringt, denn die Levada do Moinho und die Levada Nova sind stellenweise sehr ausgesetzt. Dafür wird man von dem Blick auf einen grandiosen Wasserfall belohnt. Start und Ziel ist im Ortsteil Lombada an der Quinta de João Esmeraldo; dieser Namensgeber war übrigens im 15. Jh. einer der wichtigsten Zuckerhändler Madeiras und ein guter Bekannter von Kolumbus. Im Sommer füllt sich der **Kiesstrand** mit Badebesuchern, und vor allem zum Sonnenuntergang herrscht eine besondere

Atmosphäre. Wenn die Sonne bei Ebbe untergeht, spielt manchmal ein lokaler Gaitaspieler von einem Fels im Wasser aus ein paar Minuten auf seinem Dudelsack. Einen tollen Blick auf die Bucht hat man auch von den Felsen am Cais, hinter dem Café Sol Poente.

RESTAURANT
In die alte Dorfapotheke ist die lauschige Tapas-, Wein- und Teebar **€ The Old Pharmacy** (Rua Dr. João Augusto Teixeira 23, Tel. 291974105) eingezogen, hier bekommen Sie auch hübsche (und köstliche) Mitbringsel.

UMGEBUNG
Die alte Straßenverbindung von Ponta do Sol ins 4 km entfernte Madalena do Mar ist eigentlich inzwischen gesperrt – trotzdem tummeln sich dort unzählige „Instagram-Touris", um sich mit dem auf die Straße plätschernden Wasserfall **Cascata dos Anjos** fotografieren zu lassen. **Madalena do Mar** (ca. 500 Ew.) ist von dichten Bananenplantagen umgeben, in dem schmalen Gässchen Vereda da Vargem nahe der Uferpromenade fühlt man sich wie in einem Bananenschungel.

INFORMATION
s. Ribeira Brava

3 Calheta

Der historische Teil Calhetas zieht sich durch ein enges Flusstal hinunter zum Meer, wo sich mit den künstlichen Sandstränden eine der Hauptattraktionen des Südwestens befindet.

Tipp

Traumjob im Hotel auf der Klippe

„Wow! – Das denke ich jeden Tag, seit ich in diesem Hotel arbeite! Am liebsten bediene ich unsere Gäste an der Poolbar, denn die Aussicht von hier oben ist einfach fantastisch. Ohne Frage, wir haben den schönsten Infinity-Pool Madeiras! Abends liebe ich die romantische Stimmung im Restaurant, auch wenn ich die kitschigen Sonnenuntergänge fast jeden Tag zu sehen kriege. Im Sommer haben wir regelmäßig herrliche Konzerte in unserem lauschigen Hotelgarten, die genieße ich trotz der Arbeit ebenso wie die Besucher, die teilweise von der ganzen Insel kommen." (Rodrigo, Bartender im Hotel Estalagem Ponta do Sol)

INFORMATION
Estalagem Ponta do Sol
Caminho do Passo 6
Tel. 291970200
www.pontadosol.com

Aussichtsreiche Einkehr in Ponta do Sol und eindrucksvolle Fotomotive an der Südwestküste; in der alten Festung von Ribeira Brava (unten) befindet sich die Touristeninformation.

Der Zuckerrohranbau verhalf der Gegend früh zu Wohlstand, das Stadtrecht erhielt Calheta bereits 1502 – sechs Jahre vor Funchal. Heute spielt der Tourismus die wichtigste Rolle.

SEHENSWERT
Die Spuren der Zuckerrohrzeit sind an verschiedenen Stellen noch zu sehen, vor allem in der Zuckerrohrmühle **Engenhos da Calheta** (Avenida D. Manuel I 29, www.facebook.com/sociedadedosengenhosdacalheta, tgl. 10 bis 18.30 Uhr). Im Frühjahr laufen die Maschinen Tag und Nacht, das restliche Jahr über können Sie sich die Fabrik dennoch anschauen. Den hier produzierten Zuckerrohrschnaps oder die zum Mini-Cocktail veredelte Poncha gibt's in der Hausbar zu probieren. Die dem Heiligen Geist geweihte **Pfarrkirche** stammt ursprünglich aus dem Jahr 1430 und wurde im 17. Jh. umgebaut. In ihrem Inneren sind eine bezaubernde Holzdecke im Mudéjar-Stil und ein mit Silber und Elfenbein verzierter Tabernakel aus dem 16. Jh. zu bewundern.

MUSEUM
Hoch über der Flussmündung balanciert auf den Felsen das Kunst- und Kulturzentrum **Mudas – Museu de Arte Contemporânea da Madeira** (Estrada Simão Gonçalves da Câmara 37, Di.–Sa. 9.30–13/14–17.30 Uhr). Allein die postmoderne Architektur in dieser atemberaubenden Lage lohnt einen Abstecher, für Freunde zeitgenössischer Kunst sind die wechselnden Ausstellungen Pflicht.

ERLEBEN
Calhetas Uferfront ist bestimmt von den künstlich angelegten **Stränden**, an denen im Sommer wahres Beach-Feeling aufkommt, und von der Marina, in der Lobosonda (s. S. 71) bei geeigneten Bedingungen **Bootstouren** zur Wal- und Delfinbeobachtung startet. Für **Paraglider** bietet Hartmut Peters ab Arco da Calheta unvergessliche Flugerlebnisse (Madeira Paragliding, www.madeira-paragliding.com).

HOTEL
Im durchdesignten Hotel **€€€€ Savoy Saccharum Resort & Spa** (Rua Serra de Água 1, Tel. 291820800, www.savoysignature.com/saccharumhotel) am Ostrand der Marina dreht sich alles um Zucker, eine frei zugängliche Ausstellung zeigt tolle alte Fotos und Gerätschaften zum Thema Zuckerrohr in Calheta. Wer hier untergebracht ist, genießt Luxus pur an drei Außen- und einem Innenpool, im Spa und in den Restaurants.

RESTAURANT
Saftige Fleischspieße und andere Grillspezialitäten, aber auch Veggie-Optionen finden Sie hoch über Estreito da Calheta im verglasten **€€ Calheta Green** (www.facebook.com/calhetagreen, Mo. geschl.).

INFORMATION
s. Ribeira Brava

4 Jardim & Paúl do Mar

Ein 2,5 km langer Tunnel trennt die beiden Fischerörtchen ganz im letzten Winkel der Südwestküste voneinander – oder ein gewagter Fußmarsch über die Steine am Meeressaum bei Ebbe. Während sich das malerische **Jardim do Mar** (215 Ew.) auf ein breites Plateau verteilt, muss sich das lang gestreckte **Paúl do Mar** (630 Ew.) unter eine steile Felswand ducken. Es geht chillig zu, gerade Surfer und Naturliebhaber fühlen sich in den abseits aller großen Touristenströme gelegenen Dörfern besonders wohl.

SEHENSWERT
Die Atmosphäre macht's: die winzigen Gässchen rund um die Pfarrkirche **Nossa Senhora do Rosário** in Jardim do Mar und im historischen Teil von Paúl do Mar, die Uferpromenaden, welche fantastische Locations für Sonnenuntergangspilger abgeben, sowie die Menschen, die hier ein einfaches, aber zufriedenes Leben zu führen scheinen. Beide Orte haben sich einen ganz eigenen, unverfälschten Charakter bewahrt.

ERLEBEN
Fortgeschrittene **Surfer** lieben die Wellen vor Jardim do Mar, **Wanderer** erfreuen sich an den steilen, aber aussichtsreichen alten Verbindungspfaden der Umgebung, und wer baden möchte, findet am Portinho von Jardim do Mar oder am Calhau von Paúl do Mar Möglichkeiten, ins Meer zu kommen.

HOTEL
Hoch über Paúl do Mar thront in Prazeres das ruhige und familiäre **€€ Hotel Jardim Atlântico** (Caminho Lombo da Rocha 1, Tel. 2 91 82 02 20, www.facebook.com/hoteljardim atlantico) auf der Klippe.

RESTAURANT
Farbenfroh gibt sich das Kneipenlokal **€ Joe's Bar** in Jardim do Mar (Vereda do Poço Velho, Tel. 9 66 13 02 08), in dem Sie beispielsweise prima Thunfisch essen können.

UMGEBUNG
In steilen Serpentinen schlängelt sich sowohl ein alter Pfad des Caminho Real als auch die ER 223 von Paúl do Mar nach **Fajã da Ovelha** hinauf. Von oben bieten sich grandiose Aussichten hinunter auf die Fischerorte an der Küste, besonders schön ist der Miradouro im Ortsteil Massapez. In **Prazeres,** wenige Kilometer ins Landesinnere, geht es bäuerlich zu, was man auch schön in der zoologisch-botanischen Quinta Pedagógica neben der Pfarrkirche bewundern kann.

INFORMATION
s. Ribeira Brava

5 Ponta do Pargo

Tief im Westen gibt Madeira sich weitläufig, in Fajã da Ovelha. In der kleinbäuerlich geprägten Landschaft stehen großzügige Anwesen aus dem 18. Jh., nur wenige wurden zu Ferienhäusern ausgebaut. Ruhe und Einsamkeit umwehen die 800 Einwohner zählende, über mehrere Ortschaften verteilte Gemeinde an der Westkante.

SEHENSWERT
Der höchstgelegene Leuchtturm Portugals thront auf den Klippen der Westspitze Madeiras. Den 1922 eingeweihten **Farol** können Sie besichtigen: Im Sockel gibt es eine kostenlose Ausstellung zum Thema Leuchttürme (tgl. 9.30–12 und 14–16.30 Uhr), mittwochnachmittags oder wenn er gerade Zeit hat, führt der Leuchtturmwärter interessierte Besucher auch in den 15 m hohen Turm.

RESTAURANT
Köstliche Grillspezialitäten vom offenen Holzofen und leckere Poncha gibt es im familiären Restaurant **€€ O Forno** (Estrada Ponta do Pargo 316, Tel. 2 91 09 83 41).

INFORMATION
s. Ribeira Brava

DER SANFTE WEG ZU DEN MEERESSÄUGERN

„Baleia, baleia!", ruft Pedro, der Skipper der „Ribeira Brava". Ein Wal ist in Sicht! Carlos, der *vigia* an Land, hat den Blas mit dem Fernglas erspäht und der Crew des wunderschön restaurierten Fischerboots aus den 1960er-Jahren die Koordinaten gefunkt. Und jetzt sind wir nah genug dran, um dem imposanten Pottwal beim Atmen zuschauen zu können – und zwar ohne ihn durch unsere Anwesenheit zu stören. Das ist dem Team von Lobosonda besonders wichtig: nachhaltige Wal- und Delfinbeobachtung, damit sich die Meeressäuger weiterhin gern in den Gewässern vor Madeira aufhalten. Das portugiesisch-deutsche Ehepaar Rafael und Claudia Gomes gründete die Whalewatching-Agentur im Jahr 2003, inzwischen führt ihre Tochter Joana die Firma in der zweiten Generation.

Von Anfang an lag der Schutz der Tiere und des Ozeans Familie Gomes und ihrem Team besonders am Herzen, und das spürt man auch, wenn man mit ihnen – entweder auf dem alten Fischerkahn „Ribeira Brava" oder auf dem wendigen Zodiak „Stenella" – auf dem Meer unterwegs ist.

Mit der „Ribeira Brava" geht es hinaus zu den Meeressäugern – das wird in jedem Fall ein unvergesslicher Tag.

Unter den Guides an Bord sind auch die Meeresbiologin Paula und die Naturpädagogin Fatima. Sie erklären den Gästen bereits vorher im Briefing und dann unterwegs während der Sichtungen, welchen besonderen Meeressäugern wir begegnen – und wie ihr Lebensraum bedroht wird.

Informationen: Lobosonda, Porto da Calheta, Av. D. Manuel I, Calheta, Tel. 9 68 40 09 80, www.lobosonda.com

Info-Center: Juni–Sept. 8.30–20, Okt.–Mai 9–19 Uhr (So. geschl.)

Nordküste

*

WEIN, WELLEN UND VIEL GRÜN

*

Im Norden zeigt sich Madeira von seiner ursprünglichen Seite – die mühevoll terrassierten Hänge saftig grün, die Dörfer idyllisch, die Kirchfeste gut besucht, die Menschen freundlich. Es gibt sogar noch ein Stück Straße, das noch nicht durch eine Ausbaustrecke ersetzt wurde. Schön, denn im Norden wartet hinter jeder Kurve ein neuer phänomenaler Ausblick.

In Santana stehen ein paar besonders hübsche strohbedeckte Häuser, die typischen Casas do Colmo.

Badevergnügen in den Lavapools von Porto Moniz

Chillen im Segelclub: Am Clube Naval do Seixal darf jeder baden.

Inselbesucher geraten ins Schwärmen, wenn sie an die pittoresken Täler des Nordens, an die mit Besenheiden vor Wind und Salz geschützten Weinhänge, an die atemberaubenden Wanderwege durch tiefgrünen Lorbeerwald oder an die sensationellen Aussichten entlang der steilen Klippen der Küste denken. Zwischen Porto Moniz und Porto da Cruz eröffnen sich immer wieder grandiose Perspektiven auf die raue Landschaft, ein Miradouro ist schöner als der nächste.

VOM WINDE VERWEHT

Der Norden bietet ganzjährig eine Augenweide aus grünen Hängen und blauem Meer. Das Grün kommt nicht von ungefähr – in Porto Moniz regnet es durchschnittlich 1527 mm im Jahr, in Funchal sind es nur 553 mm. Madeira liegt in der Passatwindzone: An der Nordseite regnen sich häufig die vom kräftigen Nordostpassat hergeblasenen Wolken ab. Oberhalb von etwa 800 m Höhe kondensiert der Passatwind zu Nebel, dann erheben sich die Bergspitzen aus dem berühmten Wolkenmeer. Der Regenreichtum und die fruchtbare Vulkanerde bilden ideale Bedingungen für die Landwirtschaft, und so haben sich an der Nordküste – vor allem an den nicht ganz so steilen Stellen – Bauern angesiedelt, die vom Kartoffel- oder Getreide-, teilweise auch vom Weinanbau leben. Manche Taldörfer wie Chão da Ribeira oberhalb von Seixal, Falca oberhalb von Boaventura oder Ilha und Achada do Marques oberhalb von São Jorge sind derart abgelegen, dass es wirklich gute Gründe geben muss, hier zu leben.

ÜBER ALLE BERGE

Viele verloren irgendwann den Antrieb, sich mit der mühseligen Landwirtschaft abzurackern. Die meisten jungen Leute wollen das schon mal gar nicht, sie ziehen in Scharen an die sonnigere Südseite, um im Tourismus zu arbeiten und näher am Geschehen zu sein, oder sie gehen gleich aufs Festland. Alle Gemeinden verzeichnen über die letzten Jahrzehnte starke Bevölkerungsrückgänge, manche Dörfer werden wohl in wenigen Jahren nur noch von den ganz Alten bewohnt sein. Um 1950 lebten noch 4400 Menschen in Faial, bis 2021 (dem Zeitpunkt des letzten Zensus) schrumpfte der Ort auf 1300 Einwohner, Ribeira da Janela von fast 1000 auf 200, die meisten anderen Gemeinden des Nordens halbierten ihre Einwohnerzahl. Wo sind sie alle hin? Ab Mitte des 20. Jahrhunderts wurden die ersten Straßen gebaut – eine bequeme Möglichkeit, das Weite zu suchen, ohne vorher Tagesmärsche zum

»EIN HAUS OHNE BLUMEN IST EIN KUHSTALL.«

Sprichwort aus Madeira

Viele Hänge der Nordküste sind steil, grün und unzugänglich. Zur Rocha do Navio führt jedoch ein Pfad (und eine Seilbahn für Landwirte) hinunter.

Hafen von Funchal in Angriff nehmen zu müssen. Von dort bestieg man Schiffe nach Übersee, vor allem nach Brasilien und Venezuela, aber auch in die USA, nach England oder Südafrika, um sein Glück dort zu versuchen. Alles schien besser als die Plackerei auf Madeira.

Auswanderung hat eine lange Tradition, nicht nur im Norden Madeiras, sondern in ganz Portugal. Auch die ersten Siedler verließen schließlich ihre meist nordportugiesische Heimat, um sich auf der Insel ein besseres Leben aufzubauen. Und wenn es dann mal schlechter lief, eine Naturkatastrophe die Existenz zerstörte oder Mehltau und Reblaus die Weinernten vernichteten, versuchte man es eben anderswo.

Man schätzt, dass es weltweit über eine Million Madeirer oder Abkömmlinge von Madeirern gibt – mehr als viermal so viel wie auf der Insel selbst.

IDYLLE IM STROHDACHHÄUSCHEN

An den Vorzeige-Häusern am Dorfplatz von Santana hält ein Ausflugsbus nach dem anderen, die Leute schießen ein paar Selfies vor den hübschen bunten Häusern mit den Strohdächern – und weiter geht's. Colmo bedeutet Stroh, auf den fruchtbaren Plateaus von Santana war Getreideanbau die wichtigste Einnahmequelle. Die Tagelöhner konnten ihre Häuser relativ einfach auf- und abbauen, wenn sie den Hof wechselten. Heute nutzen viele ihre *casa de colmo* als Geräteschuppen, längst hat ein Wellblechdach das mühsam instand zu haltende Strohdach ersetzt, nur hier und da stehen noch gut gepflegte Häuschen.

Senhor Manuel hatte hinter seines einst einen Anbau gesetzt, um es geräumiger zu machen. Als *emigrante* hatte er einige Jahre in Venezuela gelebt; inzwischen ist er verstorben und sein Sohn (ebenfalls namens Manuel) wohnt nun in dem moderneren Haus im hinteren Teil des Grundstücks, das sich sein Vater durch die Ersparnisse aus der Emigration hatte leisten können. Die Tür des mehr als 200 Jahre alten Strohdachhäuschens

Grandiose Aussichten wie vom Miradouro da Beira da Quinta, bunte Blüten und hübsche Kapellen wie die Igreja de São Vicente locken in den Norden.

Oben: Der historische Ortskern von São Vicente bildet ein harmonisches Ensemble.

Links: Bei São Jorge ist bis heute eine alte Wassermühle in Betrieb; die Bauern kommen noch immer her, um ihr Mehl mahlen zu lassen.

Nach dem Fotostopp in Santana (links) kann man im Norden gut und günstig einkehren, etwa A Pipa in Porto da Cruz.

Frisches Brot aus dem Ofen und altes Webhandwerk: Im Parque Temático in Santana bemüht man sich, Traditionen lebendig zu halten.

An den Levadas im Norden gibt es immer wieder Wasserfälle zu bewundern.

Jedes Dorf hat seine Kapelle, auch São Roque do Faial.

Special

Landwirtschaft

Mühevolle Landwirtschaft

Schmale Terrassen ziehen sich die steilen Hänge hinauf, und man fragt sich, wer da oben eigentlich noch säen oder gar ernten will – so ganz ohne Zufahrtsstraße oder Traktor.

Die Landwirtschaft auf Madeira ist ein mühsames Geschäft. Die fruchtbaren, aber entsetzlich steilen Hänge mussten schon von den ersten Siedlern terrassiert werden, wollten sie irgendeinen Nutzen davon haben. Mäuerchen wurden auf die zuvor gerodeten Flächen gebaut, in geflochtenen Körben schleppte man Erde aus den Flusstälern zum Auffüllen hinauf, und wenn dann die Ernte reif war, mussten die kostbaren Erzeugnisse wieder hinunter. Was für eine Plackerei! Ein Wunder, dass es immer noch Menschen gibt, die sich der Landwirtschaft widmen. Es sind nicht mehr viele. Die meisten von ihnen betreiben sie nebenberuflich, sie leben in der Stadt und bestellen am Wochenende ein kleines Stück Land.

Ohne Maschinen ist der Anbau mühsam.

Die Zeiten, in denen Madeira fast ausschließlich von dem gelebt hat, was die Menschen auf den Feldern anbauten, sind wohl vorbei. Drei Exportprodukte bilden noch eine Ausnahme: Terrassen mit den berühmten Madeira-Bananen, den Weinreben für die Madeirawein-Produktion und den beliebten Schnittblumen sind zwar nicht weniger beschwerlich zu bearbeiten, doch zumindest scheint der Ertrag die Mühe zu belohnen.

steht tagsüber immer offen, Besucherinnen und Besucher sind willkommen, sich die kleine Idylle und die Enge, in der Manuels Familie früher lebte, anzuschauen und seinen selbst gemachten Kaffeelikör zu probieren. Es ist den Menschen nicht zu verübeln, dass sie so beengt heute nicht mehr wohnen möchten.

VOLL IM TREND

Überalterung und Abwanderung der Bevölkerung verursachen Sorgen, daneben gibt es aber auch viele Gründe, auf den Norden zu setzen. Bald hat die „Via Expresso“ auch die letzte Kurvenstrecke ersetzt, und dann kommt man rasend schnell in die Dörfer des Nordens. Der Lorbeerwald ist nirgendwo anders so intakt, die alten Verbindungswege des Caminho Real schlängeln sich malerisch an der Küste entlang und locken immer mehr (Fern-)Wanderer auf die geschichtsträchtigen Pfade.

Fast alle Küstenorte bieten im Sommer landschaftlich wunderschön gelegene Meeresbadeanlagen, und es hat sich herumgesprochen, wie gut man in Seixal und Porto da Cruz Wellenreiten und Stand-up-Paddeln kann. Mindestens für Tagesausflüge steht der Norden immer auf dem Programm – und wahre Naturliebhaber werden sich ein Ferienhäuschen im grünen Norden suchen.

Wandern auf Madeira

BERGAUF, BERGAB ...

Viele Madeiraurlauber besuchen die Insel vor allem aus einem Grund: um sie zu erwandern. Spezialisierte Veranstalter bieten Wanderreisen an, sogar Kreuzfahrttouristen begegnet man auf den Levadas. Und die Einheimischen? Auch sie schätzen das Wanderpotenzial ihrer Heimat.

Wo die einen wandern, gehen die anderen joggen: Madeira ist ein Paradies für Trail-Runner.

Wenn man sich ein bisschen umschaut, könnte man meinen, es sei ein wahrer Wander-Hype ausgebrochen. Bei den Touristen ja schon länger – kaum ein Urlauber, der während seines Aufenthalts nicht mindestens eine Levadawanderung im Lorbeerwald unternimmt. Inzwischen hat die Inselregierung 33 offizielle Wanderwege auf Madeira und der zugehörigen Insel Porto Santo als PR (Pequena Rota) gekennzeichnet. Manche von ihnen, vor allem im beliebten Wandergebiet von Rabaçal, auf der Ponta de São Lourenço oder zum Caldeirão Verde haben sich zu regelrechten Wanderautobahnen entwickelt, inkl. Staus vor Tunnels, an steilen Treppenaufstiegen (ein großes Problem auf dem Weg vom Pico do Arieiro zum Pico Ruivo!) und an den Fotostopps. Wer nicht rechtzeitig kommt, findet noch nicht mal mehr einen Parkplatz. Zahlreiche lokale Ausflugsveranstalter bieten Touren in den Bergen und entlang der Levadas an, Minibusse sammeln täglich die Urlauber an den Hotels ein, um sie zu den Hotspots zu kutschieren. Fakt ist, Madeira ist eine Wanderinsel, und keine Aktivität wird von so vielen, insbesondere deutschen, Urlaubern ausgeübt wie das Wandern. Man schätzt, dass im Durchschnitt jeden Tag viele Tausend Naturbegeisterte in den Bergen und Wäldern der Insel unterwegs sind. Und wer früher gedacht hat, auf Madeira seien nur Rentner unterwegs, der sollte mal einen Blick auf die Wege werfen, da sind inzwischen auch Horden von jungen „Instaboys und -girls“ anzutreffen.

EINHEIMISCHE WANDERGRUPPEN

Doch es sind nicht mehr nur die Touristen, die Madeira erwandern. Seit einigen Jahren organisieren sich auch immer mehr Einheimische in Wandergruppen. Manche von ihnen zählen auf Facebook fast 30 000 Gruppenmitglieder, einige veranstalten jedes Wochenende oder zweimal im Monat Touren, an denen regelmäßig zig Wanderer teilnehmen.

Die Stimmung bei diesen Ausflügen ist bestens, alle Altersgruppen sind dabei vertreten und zwischendurch wird zünftig eingekehrt. Es gibt aber auch echte Abenteurer, die

Einige Wanderwege sind so beliebt, dass es voll werden kann: Die Ponta de São Lourenço gehört auch dazu.

Vor allem die unzähligen und oftmals durch spektakuläre Täler führenden Levadawege machen Madeira als Wanderinsel so attraktiv.

sich – ausgerüstet mit Macheten und Seilzeug – auf die Suche nach alten, vergessenen, zugewachsenen oder halb verschütteten Pfaden und Verbindungswegen machen.

UNTERWEGS AUF DEN ALTEN KÖNIGSWEGEN

Viele der Wandergruppen nutzen immer öfter auch Teilstücke des Caminho Real. Das ist die Bezeichnung für die alten Verbindungswege, die vor allem Mitte des 19. Jahrhunderts auf Veranlassung der Krone angelegt wurden – daher der Name „Königsweg". Bis dahin fand der Waren- und Personenverkehr fast ausschließlich auf dem Seeweg entlang der Häfen der Südküste statt, die raue Nordküste war weder über Land noch per Schiff ohne Gefahr zu erreichen. Die sechs (national durchnummerierten) Caminhos Reais Nummer 23 bis Nummer 28 sollten neue Verbindungsmöglichkeiten schaffen – und alle mussten mithelfen, diese Wege zu bauen und instand zu halten, sei es mit finanziellen Beiträgen oder Arbeitsstunden. Im Laufe des 20. Jahrhunderts verloren sich die Pfade jedoch, manche wurden zu Fahrstraßen ausgebaut, Abschnitte verwilderten oder wurden verschüttet. Doch jetzt erleben die sechs „CR" eine fulminante Wiedergeburt (und mit CR ist nicht der Fußballspieler CR7 gemeint): Der 2017 gegründete Verein „Associação do Caminho Real da Madeira" hat sich die Aufwertung der alten Wege auf die Fahnen geschrieben, die engagierten Mitglieder organisieren Wanderungen und Events, kämpfen für die Wiederherstellung beschädigter Teilstücke, für Markierungen entlang des Weges und für eine Zertifizierung als Europäische Kulturroute.

Viel ist schon erreicht: Wer beispielsweise den inselumrundenden CR23 laufen möchte (immerhin rund 180 km!), bekommt vom Verein die GPS-Tracks und eine Art Wanderpass, um damit in bestimmten Cafés oder Dorfläden Stempel zu sammeln – ein toller Anreiz und gleichzeitig die beste Möglichkeit, Land und Leute wandernd kennenzulernen.

Fakten & Informationen

Ein umfangreiches Verzeichnis von Wanderwegen entlang der Levadas hat der enthusiastische Schweizer Madeirawanderer Daniel Köhl zusammengestellt (http://danishome.ch/Levada verzeichnis.htm). Er und viele andere Madeirafans tauschen sich im deutschsprachigen Forum Madeira (www.forum-madeira.eu/index.php) über Wanderwege und von den madeirischen Wandergruppen organisierte Touren aus. Wer Wege abseits der Hauptrouten laufen möchte, findet hier Infos und teilweise auch GPS-Tracks oder Karten.

Associação Caminho Real da Madeira: www.caminhoreal.pt

In vielen Serpentinen schlangeln sich die historischen Verbindungswege des Caminho Real bergauf, bergab, von Ortschaft zu Ortschaft.

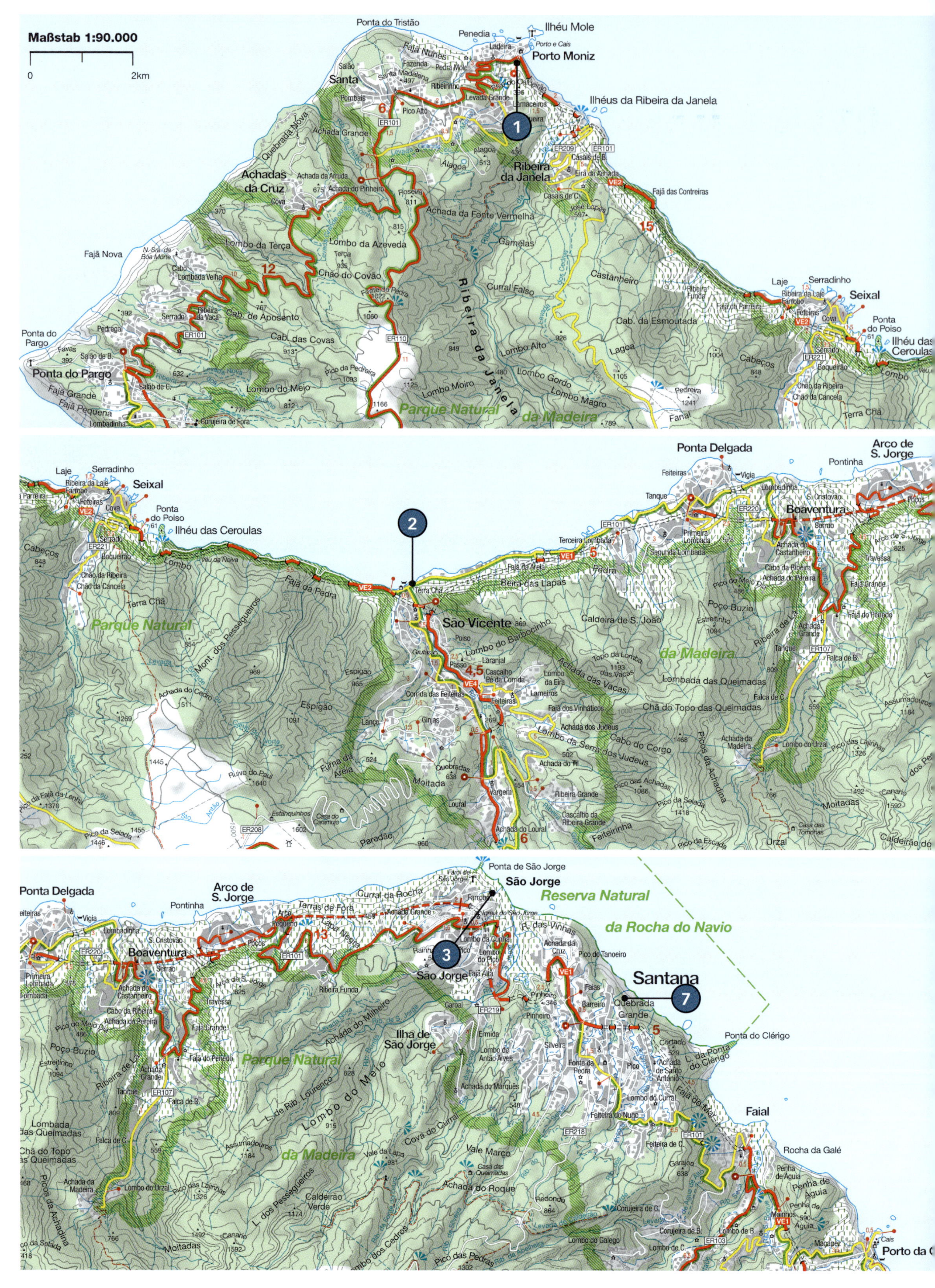

Maßstab 1:90.000
0
2km
Ponta do Tristão
Ilhéu Mole
Penedia
Porto Moniz
Ilhéus da Ribeira da Janela
Santa
Achadas da Cruz
Ribeira da Janela
Fajã das Contreiras
Fajã Nova
Lombo da Terça
Lombo da Azeveda
Chão do Covão
Ponta do Pargo
Cab. de Aposento
Cab. das Covas
Lombo do Mejo
Pico da Pedreira
Ribeira da Janela
Curral Falso
Castanheiro
Cab. da Esmoutada
Lombo Alto
Lombo Moiro
Lombo Gordo
Lombo Magro
Lagoa
Fanal
Pedreira
Parque Natural
da Madeira
Laje
Serradinho
Seixal
Ponta do Poiso
Ilhéu das Ceroulas
Cabeços
Terra Chã
Fajã da Pedra
Ponta Delgada
Arco de S. Jorge
Pontinha
Boaventura
São Vicente
Lombo do Barbocinho
Caldeira de S. João
Achada das Vacas
Mont. dos Pessegueiros
Espigão
Lombada das Queimadas
Chã do Topo das Queimadas
Cabo do Corgo
Lombo da Serra dos Judeus
Picos da Achadinha
Ruivo do Paul
Furna da Areia
Moitadas
Urzal
Pico da Escada
Paredão
Ponta de São Jorge
São Jorge
Reserva Natural
da Rocha do Navio
Santana
Ponta do Clérigo
Ilha de São Jorge
Lombo do Meio
Cova do Curral
Vale Março
Achada do Roque
Faial
Rocha da Galé
Penha de Aguia
Porto da
Fajã do Mar
Pico das Pedras
Caldeirão Verde
L. dos Pessegueiros

STEILE HÄNGE UND WILDES GRÜN

Madeiras Nordküste ist der tiefgrüne Kontrast zum geschäftigen und manchmal etwas zugebauten Süden: Die Ortschaften sind klein, das Meer ist rau und das Wetter häufig wechselhaft. Dafür überrascht die Nordseite mit fantastischen Naturparadiesen, steilen Weinterrassen und malerischen Badestellen.

1 Porto Moniz

Der im 16. Jh. von einem Adligen namens Francisco Moniz gegründete Ort (1600 Ew.) im äußersten Nordwesten war bis ins 20. Jh. nur über das Meer – oder nach tagelangen Fußmärschen über die Berge – zu erreichen. Dank der Tunnelstrecken fährt man inzwischen weniger als eine Stunde von Funchal bis hierher – das optimale Ziel für einen Tagesausflug mit Badeprogramm!

SEHENSWERT
Die Hauptattraktion des Orts sind die Lavaschwimmbecken, Naturpools direkt am Meer. Nicht nur Insulaner, auch Urlauber kommen gern und zahlreich, um im klaren Wasser zu schwimmen und die Meeresbrise zu genießen. Am westlichen Ende der hübsch angelegten Uferpromenade bieten die **Piscinas Naturais** **TOPZIEL** (tgl. 9–17, im Sommer bis 19 Uhr) ideale Badebedingungen zwischen den Lavazungen, inklusive Liegeflächen, Rettungsschwimmer, Umkleidekabinen und Snackbar. Gratis, aber dafür ohne diese Infrastruktur sind die kleinen Naturbecken am Restaurant Cachalote. Wer sich die Meereswelt lieber trockenen Fußes anschauen möchte, besucht das **Aquário da Madeira** (tgl. 10–18 Uhr) in der alten Piratenabwehrfestung São João Batista aus dem 18. Jh. Der eigentliche Dorfkern, in den sich kaum Touristen verirren, liegt etwas oberhalb der Küste, rund um die Pfarrkirche **Nossa Senhora da Conceição** aus dem 17. Jh. Einen fantastischen Vogelperspektivenblick auf das Lava-Plateau, auf dem sich der Ort befindet, haben Sie vom **Miradouro da Santa** an der ER 101 Richtung Süden.

ERLEBEN
Eine herrliche Levadawanderung durch den Lorbeerwald können Sie entlang der **Levada da Ribeira da Janela** oberhalb von Porto Moniz unternehmen. Los geht's im Ortsteil Lamaceiros.
Wenn Sie ein besonderes Taucherlebnis haben wollen: Im Aquário da Madeira sind angeleitete **Tauchgänge** in den artenreichen Fischbassins möglich (Infos unter Tel. 964676662, www.lavadivingcenter.com oder im Aquarium).

In Porto Moniz (oben) mit seinen bekannten Lavapools lohnt auch ein Blick ins Aquarium und auf den Fensterfels bei Ribeira da Janela.

HOTEL
Die spektakulärste Lage und die modernste Ausstattung hat das Hotel €€ **Aqua Natura** (Rotunda das Piscinas 3, Tel. 291640100, www.aquanaturahotels.com), direkt oberhalb der Meeresbrandung und der Lavaschwimmbecken.

UMGEBUNG
Nur 4 km Luftlinie, aber 12 km Fahrtstrecke trennen Porto Moniz von **Achadas da Cruz**. Unterhalb des 120-Einwohner-Nests führt eine der steilsten Seilbahnen *(Teleférico)* Europas fast senkrecht an der 450 m hohen Klippe hinunter zur **Fajã da Quebrada Nova** (tgl. 8–12 und 13–18 Uhr); alternativ können Sie auch den Wanderweg nehmen.
Vorbei an dem markanten Felsen im Mündungsbereich der Ribeira da Janela, führt die alte Küstenstraße Richtung Osten (wegen Steinschlags ist die alte Straße jedoch fast kaum noch zu befahren). Etwa 8 km entfernt liegt **Seixal** (610 Ew.). Das ruhige Örtchen mit seiner zerfurchten Lavaküste ist noch immer ein wahrer Geheimtipp, was tolle **Badestellen** angeht: An der schönen Praia das Lajes am westlichen Ortsrand, im naturbelassenen Felsenpool Poço das Lesmas oder am Clube Naval, wo es neben der Steinbucht sogar einen richtigen (schwarzen) Sandstrand gibt. Besonders chillig für eine Einkehr ist die Café-Bar des Clube Naval.
Oberhalb von Seixal verteilt sich in einem lang gezogenen Tal die Bauernsiedlung **Chão da Ribeira**. Im authentischen Dorflokal €€ **Casa de Pasto Justiniano** **TOPZIEL** gibt es die köstlichsten Fleischspieße (Tel. 291854559, www.facebook.com/casadepasto.justiniano) weit und breit.

INFORMATION
Posto de Informação Turística Porto Moniz
Rua dos Emigrantes 2,
Tel. 291853075

❷ São Vicente

Das sympathische Städtchen (2800 Ew.) versteckt sich hinter einem Felsen vor der Meeresbrandung, die Ortsteile ziehen sich ein langes Tal hinauf. Namensgeber ist der heilige Vinzenz, der der Legende nach im Mündungsbereich der Ribeira de São Vicente erschienen sein soll.

SEHENSWERT

An die legendäre Heiligenerscheinung erinnert seit 1692 die kleine **Capelinha do Calhau** im Felsen in der Flussmündung. Die in ihrem Inneren mit hübschen Gemälden und vergoldetem Holzschnitzwerk verzierte Pfarrkirche aus dem 17. Jh. ist natürlich dem heiligen Vinzenz geweiht, sie steht inmitten des adretten historischen Ortskerns.
Etwas oberhalb kann das interaktive **Centro do Vulcanismo** (Sítio do Pé do Passo, http://grutasecentrodovulcanismosaovicente.com, Di.–So. 9–18 Uhr) erkundet werden. Die eigentliche Hauptattraktion, die vor ungefähr 890 000 Jahren entstandenen Lavatunnelhöhlen (Grutas de São Vicente), ist zum Redaktionsschluss nicht zu besichtigen (geplante Wiedereröffnung in 2025).

RESTAURANT

Im unscheinbaren, aber überraschend aussichtsreichen **€€ Lavrador** im Ortsteil Ginjas (Estrada Dom João V. 149, Tel. 291 63 11 63, www.facebook.com/ChefMauricioNeves) würde man solch ausgefeilten Variationen der inseltypischen Klassiker – rund um Fisch und Fleisch samt Gemüse – gar nicht erwarten. Doch hier ist ein wahrer Gourmetküchenchef am Werk!

Tipp

Im Laufschritt durch die Berge

„Viele halten mich für verrückt. Jedes Wochenende trainiere ich in den Bergen für den MIUT – den Madeira Island Ultra Trail. Ein Wahnsinnsspektakel! Inzwischen nehmen über 3000 Athletinnen und Athleten aus aller Herren Länder teil, es ist das absolute Highlight für die Stars der Szene, aber auch für viele Hobby-Trailrunner wie mich. Mein Ziel ist es, einfach nur anzukommen, was bei 85 km Auf- und Abrennen von einem Ende der Insel zum anderen nicht selbstverständlich ist. Eigentlich unglaublich, dass manche die Königsdisziplin, die 115 km (!) in weniger als 15 Stunden schaffen ..."
(Bárbara, Hobby-Trailrunnerin)

INFORMATION
MIUT: www.miutmadeira.com

Rosenduft im Roseiral in Arco de São Jorge, Kunst aus Weidenruten und das interaktive Vulkanhöhlenmuseum in São Vicente

UMGEBUNG

Ponta Delgada, ein 1000-Einwohner-Dorf auf einem fruchtbaren Plateau 7 km östlich von São Vicente, füllt sich alljährlich zum Wallfahrtsfest zu Ehren des Senhor Bom Jesus mit Besuchern, ansonsten geht es hier aber sehr gemütlich zu. Im Sommer kann man im **Complexo Balnear** am Meeressaum neben der Kirche ganz wunderbar baden. Der **Solar do Aposento** ist ein altes Herrenhaus aus dem 18. Jh., in dem typische Einrichtungen madeirischer Häuser der letzten drei Jahrhunderte ausgestellt sind (Rua dos Moinhos, Di.–Sa. 10–16 Uhr). Im Nachbartal schmiegt sich das ursprüngliche Dorf **Boaventura** an die grünen Hänge, in den Tiefen dieses Tals gibt es fantastische und kaum bekannte Wanderwege.

INFORMATION

s. Porto Moniz

❸ São Jorge

In dem alten Bauerndorf (1200 Ew.) dreht sich auch noch heute vieles um die Landwirtschaft, inzwischen verirren sich aber auch mehr Besucher in das Örtchen mit den spektakulären Aussichten und seinen tollen Wanderwegen.

SEHENSWERT

Kaum jemand erwartet in dieser bäuerlichen Umgebung eine so prachtvolle Kirche wie die Barockkirche **Igreja de São Jorge** aus dem 18. Jh. Ihr Inneres ist vielleicht deshalb so reich mit vergoldetem Holzschnitzwerk und kunstvollen Azulejos verziert, weil der Bischof von Funchal hier einst seinen Sommersitz hatte. Früher legten unterhalb der Steilküste an der felsigen Landzunge **Calhau de São Jorge** kleine Boote an, heute nutzen Küstenwanderer die historischen Pflasterwege.
Geschichtsträchtig ist im Übrigen auch die letzte funktionierende **Wassermühle** der Insel oberhalb von São Jorge, die durch das Wasser der Levada do Rei angetrieben wird. Das 300 Jahre alte Gebäude kann besichtigt werden (tgl. 10–18 Uhr).

ERLEBEN

Sei es an der tiefgrünen **Levada do Rei** oberhalb des Dorfs oder am auf und ab führenden Küstenpfad **Caminho Real** – in der Gemeinde São Jorge lässt es sich ausgezeichnet wandern. Zum Bad lädt im Sommer der **Complexo Balnear** im Mündungsbereich der Ribeira de São Jorge, der neben den fotogenen Ruinen der alten Zuckerrohrmühle zu finden ist.

RESTAURANT

Egal, ob Sie von der Ribeira de São Jorge über die alten Verbindungspfade des Caminho Real hinaufgestiegen sind oder ob Sie ganz entspannt mit dem Auto herkommen: Am Cabo Aereo, dem alten Lastenkabel hinunter zum Mini-Hafen von São Jorge, gibt's den idealen Ort für eine kleine Rast. Picknicktische und Grillstellen, aber auch das äußerst sympathische **€ Café Cabo Aereo** (Tel. 291 57 52 09) mit köstlichen Snacks und Drinks verlocken zu einer Stärkung. Oft werden hier mittags auch Fleischspieße für hungrige Wanderer gegrillt.

UMGEBUNG

Nimmt man die alte Verbindungsstraße ins ca. 6 km westlich von São Jorge gelegene Arco de São Jorge, lohnt sich ein Halt am sensationellen Aussichtspunkt **Miradouro da Beira da Quinta.** Das alte Weingut **Quinta do Arco** ist heute ein edles Landhaushotel in einer wundervollen Gartenanlage, dessen Rosengarten (Roseiral) mehr als 1500 Rosenarten umfasst (April–Dez. 10–18 Uhr). Das kleine **Museu do Vinho e da Vinha** (Di.–Sa. 14–18 Uhr) informiert über den Weinbau in der Region.

INFORMATION

s. Santana

❹ Santana

Neben Porto Moniz lockt das 2800-Einwohner-Städtchen Santana die meisten Tagestouristen auf die Nordseite – und alle wollen ein Foto der pittoresken bunten Strohdachhäuser. Sie erinnern an die bäuerliche Vergangenheit des fruchtbaren Plateaus, denn die einfachen Landarbeiter lebten einst in diesen winzigen, aber mobilen Behausungen, die damals allerdings weniger farbenfroh anmuteten. Kartoffeln, Mais und Gemüse wachsen übrigens noch immer hervorragend in dieser Gegend.

SEHENSWERT
Die Touristenattraktion schlechthin sind die farbenfrohen, allerdings nicht originalen **Casas do Colmo** neben dem Rathaus, es gibt aber auch noch etwa 100 echte Strohdachhäuser im Gemeindegebiet. Die *casas de colmo* wurden ordentlich aufgehübscht für die Touristen, kaum noch etwas erinnert daran, wie unsagbar eng und zugig es einst gewesen sein muss, teilweise zusammen mit dem Vieh und natürlich mit der Kinderschar unter einem Strohdach zu leben.
Die **Dorfkirche** aus dem 17. Jh. ist der heiligen Anna geweiht, daher der Ortsname Santana. Für Familien interessant ist der **Parque Temático**, ein kleiner Vergnügungspark mit Tretbooten, Bimmelbahn und Infos zu Kultur, Kunsthandwerk und Geschichte Madeiras (Fonte da Pedra, www.parquetematicodamadeira.pt, Di.–So. 10–18 Uhr).

ERLEBEN
Ein steiler, aber aussichtsreicher Pfad führt hinunter in das **Naturschutzgebiet Rocha do Navio** unterhalb der Steilküste; die Seilbahn steht voraussichtlich ab 2025 wieder zur Verfügung. Man kann aber auch den Wanderpfad nehmen. Auf dem fruchtbaren Küstenstreifen betreiben Bauern noch immer ihre Felder, Besucher erfreuen sich an der Ruhe und an den eindrucksvollen Wasserfällen. Fantastische Naturerlebnisse gibt es auch im Lorbeerwald oberhalb von Santana, vor allem entlang der **Levada do Caldeirão Verde**, die am Forsthaus von Queimadas beginnt.

UMGEBUNG
Anstelle der Tunnelstrecke lohnt es sich, die alte, äußerst aussichtsreiche Verbindungsstraße (ER 101) nach **Faial** (1300 Ew.) zu nehmen. Dort angekommen, hat man sowohl vom alten **Fortim**, einem Verteidigungsposten aus dem 18. Jh., als auch von den gläsernen Skywalks am Miradouro do Guindaste grandiose Ausblicke auf den massiven Adlerfelsen (Penha d'Águia).
Dahinter verbirgt sich das vor allem bei Surfern beliebte Küstenörtchen **Porto da Cruz** (2100 Ew.), in dem noch immer eine teils historische, teils moderne **Zuckerrohrmühle mit Rumfabrik** TOPZIEL funktioniert (Mo.–Fr. 9–18, Sa./So. 11–17 Uhr). Die hochprozentigen Endprodukte kann man im angeschlossenen Lädchen probieren oder erwerben.

INFORMATION
Posto de Informação Turística Santana
Rua do Sacristão,
Tel. 291 57 51 62

„WO DIE NATUR BEGINNT" – ZWISCHEN WEIN UND MEER

Der Wind raschelt durch die Weinstöcke, 250 m unterhalb klatschen die Wellen an die Steilküste, der Blick streift über das Meer bis zur Nachbarinsel Porto Santo und entlang der dramatischen Felshänge – da fällt es gar nicht schwer, erst mal tief durchzuatmen und die Seele baumeln zu lassen.

„Hier beginnt die Natur" – das Motto der Quinta do Furão hoch oben auf der Steilklippe unterhalb von Santana sagt eigentlich schon alles. Das 4-Sterne-Hotel liegt einfach phänomenal auf dem Plateau Achada do Gramacho, umgeben von Weinfeldern, Blumen und Gemüsebeeten. Dem Wein begegnet man auch in der hauseigenen Adega, dem frischen Gemüse im hervorragenden Restaurant. Wer sich noch mehr entspannen möchte, besucht die Sauna oder den Whirlpool.

Nachhaltigkeit wird großgeschrieben in der Quinta do Furão: Das Warmwasser und auch die Pools werden beispielsweise mit Sonnenenergie erhitzt, die Weinfelder werden ökologisch bewirtschaftet und ein lokaler Imker lässt seine Bienen auf dem weitläufigen Hotelgelände ihre Pollen sammeln. Ein herrlicher Naturpfad führt vom Hotelgelände Richtung Westen, immer die aussichtsreiche Klippe entlang und vorbei an Blumen und Weinstöcken. Wer mag, kann anschließend auch den gepflasterten

Von Atlantik und Weinreben umgeben: Quinta do Furão hoch auf dem Plateau

Serpentinenweg Caminho Real hinunter zur Ribeira de São Jorge wandern. Auch wer nicht in der Quinta do Furão nächtigt, kann diese tolle Küstenwanderung unternehmen oder zumindest die spektakuläre Aussicht vom hauseigenen Miradouro genießen.

Quinta do Furão: Estrada da Quinta do Furão 6, Santana
Tel. 291 57 01 00, www.quintadofurao.com

POKER CHIPS

Osten

*

PIONIERE, PIRATEN UND PROJEKTE

*

Legenden ranken sich um Madeiras Osten, dessen karge Spitze ein wahres Naturerlebnis und eine wunderbare Zeitreise in die vulkanische Vergangenheit der Insel bietet. Doch ist auch der nicht immer hübsche Fortschritt in manchen Buchten nicht zu übersehen.

Auf Madeira wird meist an Felsbadestellen oder Kiesstränden gebadet. Kleine Betonplattformen wie hier unterhalb der Hotelanlagen von Caniço de Baixo ersetzen Liegewiesen.

Rechts: Seit 1927 breitet der Cristo Rei in Garajau die Arme über den Atlantik aus. Die Christusstatue ist älter als das berühmte Pendant von Rio de Janeiro. Unterhalb erstreckt sich der auch bei Einheimischen beliebte Kiesstrand von Garajau; eine Seilbahn führt hinunter. Oder man wählt steile Treppenstufen bei Garajau, um ganz nah an den Meeressaum zu gelangen.

Links: Gotische Bögen und eine kunstvoll bemalte Holzdecke gibt es in der Pfarrkirche São Salvador von Santa Cruz zu bestaunen. Die dreischiffige Kirche ist die zweitgrößte der Insel und stammt in ihren Grundmauern aus der Zeit König Manuels vom Anfang des 16. Jahrhunderts.

Im Café am Platz vor der Kirche in Santa Cruz hat man einen schönen Blick auf die manuelinischen Verzierungen.

Die Uferpromenade von Santa Cruz lädt ein zu einem Spaziergang am Meer.

DER LEGENDE NACH VERIRRTE SICH EIN LIEBESPAAR AUF DIE INSEL.

Was wäre wohl aus Madeira geworden, wenn die Geschichte um ein englisch-schottisches Liebespaar, das es im 14. Jahrhundert auf die Insel verschlagen hatte, anders ausgegangen wäre? Der Legende nach soll eine verbotene, da nicht standesgemäße Liebe die adlige Anne Dorset und den einfachen Ritter Robert Machim zur Flucht getrieben haben, die Atlantikstürme wehten sie jedoch auf eine unbewohnte Insel. Anne wurde dort nicht glücklich. Als sie starb, soll Robert ihr in den Tod gefolgt sein. Die Matrosen stellten an ihrem Grab ein Holzkreuz mit ihren Namen auf, dann setzten sie Segel und gerieten in Marokko in Gefangenschaft, wo sie einem portugiesischen Seemann von ihrer Odyssee berichteten. So soll der König von Portugal von der Existenz der Insel Wind bekommen haben. Als die Entdeckungsfahrer 1419 bei ihrer Landung ein Kreuz mit dem Namen Machim vorfanden, nannten sie die Bucht Machico, und an der Fundstelle errichteten sie die erste Kapelle. Die Engländer lieben diese in mehreren Varianten erzählte Legende, besagt sie doch, dass die Insel letztendlich nicht von Portugiesen entdeckt wurde. Mal weitergedacht – wären Anne und Robert Eltern geworden, spräche man auf Madeira heute vielleicht Englisch.

MIT FACKELN GEGEN PIRATEN

Eine lästige Angelegenheit waren in früheren Jahrhunderten die Piraten, die „freiberuflich" unterwegs waren oder im Auftrag anderer Kronen kamen, um in den portugiesischen Territorien zu räubern. Funchal wurde 1566 von einem fürchterlichen Angriff durch französische Piraten heimgesucht, sie plünderten, töteten und brandschatzten ohne Erbarmen. Festungen wurden gebaut und Späher auf Anhöhen positioniert. In Machico ist eine von drei Festungen noch erhalten; auf dem Pico do Facho sitzt sogar noch immer ein *vigia*, allerdings hält der Wachposten heute Ausschau nach Walen und Delfinen. Wenn früher Piraten gesichtet wurden, entzündete der Späher eine Fackel, um die Bevölkerung und andere Wachposten zu warnen – daher der Name Fackelberg.

SCHWIERIGE ANREISE

Vom portugiesischen Festland oder Mitteleuropa kommed, hatten Schiffe die gefährliche Aufgabe, die felsige Ostspitze São Lourenço unbeschadet zu umrunden. Erst mit der Einweihung des Leuchtturms 1870 auf der äußersten Felsinsel war die Gefahr einigermaßen gebannt. Heute blicken Wanderer auf der Ponta de São Lourenço alle paar Minuten zum Himmel, wenn wieder ein Flieger

Das Rathaus von Machico wurde Ende der 1920er-Jahre gebaut. Neben dem Gebäude gibt es einen hübschen kleinen Garten.

Schulkinder laufen durch die stimmungsvollen Gassen der Stadt, die sich auch bestens für eine Mittagseinkehr anbietet.

In der Pfarrkirche von Machico ist einer der Inselentdecker beigesetzt: Die Grabstätte von Tristão Vaz Teixeira und seiner Familie befindet sich in einer Seitenkapelle.

Karibikfeeling in Machico: Eine künstliche Badebucht wurde mit afrikanischem Sand aufgefüllt und erfreut nun im Sommer badefreudige Touristen und Einheimische gleichermaßen.

kommt. Meistens drehen die Flugzeuge einen Schlenker vor Santa Cruz, um dann von Südwest, also gegen den Ostwind zu landen. Wenn sie denn landen, denn oft verhindern Scherwinde jeglichen Flugverkehr. Das ist der Preis, den Madeira zahlt für die Entscheidung, den Flughafen am Fuß der Steilküste zu bauen. Was wäre die Alternative? Die einzige ebene Fläche der Insel ist Paúl da Serra, die Versiegelung des Hochmoors hätte jedoch mehr als nur den Wasserhaushalt der Insel zerstört. Die Landebahn des 1964 eingeweihten Flughafens war dann nur 1600 m lang, Piloten brauchten eine Spezialausbildung, um auf der gefährlichen Piste landen zu dürfen. Erst eine Verlängerung im Jahr 2000 auf 2777 m sorgte für mehr Sicherheit. Dafür mussten aber auch eine Bucht zugeschüttet und ein aufwendiges Stützwerk mit 180 Betonpfeilern gebaut werden – eine irre Ingenieursleistung. Tja, und heute wird man vor der Ankunftshalle von einem schiefen Bronzelächeln des berühmtesten Madeirers begrüßt, denn seit 2017 heißt der Flughafen von Madeira Aeroporto Cristiano Ronaldo.

IM OSTEN VIEL NEUES

Der Flughafen blieb nicht das einzige Großprojekt des Ostens: In den letzten Jahrzehnten hat sich dort so manches verändert, mehr als in jeder anderen Region der Insel. Caniçal zum Beispiel hatte sich von einem winzigen, isolierten Fischerdorf mit 140 Einwohnern (1864) in hundert Jahren zu einem wichtigen Walfängerdorf mit Walverarbeitungsfabrik gemausert, das 1960 etwa 1800 Einwohner zählte. Nachdem der Walfang in den 1980er-Jahren eingestellt wurde, schaffte man neue Arbeitsplätze: Ab 1994 baute man einen großen Frachthafen und verlegte nach und nach den Containerverkehr von Funchal nach Caniçal, seit 2005 ist die östlichste Gemeinde Madeiras an die Schnellstraße angeschlossen, und auch in der Freihandelszone sind Arbeitsplätze entstanden. Inzwischen leben rund 3500 Menschen in

Picknick an der Casa do Sardinha: Auf der kargen Halbinsel Ponta de São Lourenço erfreuen sich die Wanderer an der Oase mit Snackbar.

der kargen Bucht, die, von ihrem interaktiven Walmuseum abgesehen, nicht allzu viel Sehenswertes bietet. Dennoch entstand tief im Osten, in einer als Naturpark ausgewiesenen Zone, das umstrittene Real-Estate-Projekt Quinta do Lorde mit Hotel, Dorfkirche, Jachthafen und Badestelle. Eine völlige Fehlplanung – inzwischen ist alles außer der Marina schon wieder pleite und geschlossen.

DER GEWINNER IST: DIE NATUR

Viel besser als all der Beton ist am Ende doch immer die Natur. Vor allem auf einer Wanderung über die Landzunge São Lourenço, die vom Frühlingsregen in eine sanftgrüne Landschaft mit zarten Blüten verwandelt wird, aber auch zu jeder anderen Jahreszeit mit ihren vulkanischen Farben und Formen fasziniert. Die Casa do Sardinha, das alte Rangerhaus, wird bewirtschaftet, sodass man während der Wanderung in der gastlichen Oase einkehren kann. Ein Naturerlebnis besonderer Art ist eine Kajakfahrt entlang der einzigartigen Felsküste der Ponta de São Lourenço: Möglich macht's Madeira Sea Emotions, die Kajaktouren ab dem Cais do Sardinha anbieten und sogar Schnorchelausrüstungen zur Verfügung stellen, damit Sie, wenn Sie möchten, unterwegs im kristallklaren Wasser schnorcheln können.

Special

Walfang und Whalewatching vor Madeira

Den Walen auf der Spur

Noch bis in die 1970er-Jahre war „Baleia!" der Ruf der Walfänger, wenn sie den Blas eines Pottwals erspäht hatten. Heute sind es Whalewatcher, die sich über muntere Delfine oder eine Walsichtung freuen.

Im Walmuseum von Caniçal wird an die Zeit erinnert, als die Menschen vom Walfang lebten und mit kleinen Booten hinausfuhren, um die majestätischen Pottwale mit Harpunen und Lanzen zu jagen und zu erlegen und sie dann in der Walfabrik zu Ölen, Schmierstoffen, Tiermehl und Düngemittel zu verarbeiten. Den letzten Wal erlegten die Walfänger 1981, im Jahr der Unterzeichnung des Washingtoner Artenschutzabkommens.

Walmodelle im Museu da Baleia in Caniçal

Beim Rundgang durch das interaktive Museum bestaunen Sie lebensgroße Modelle der Meeressäuger und sehen interessante Filme über Wale und ihren Lebensraum. Ein Teil des Museums widmet sich dessen Bedrohung, etwa durch die unkontrollierte Zunahme des Plastikmülls in allen Weltmeeren. Manchmal schon ziemlich deprimierend! Wenn Sie seefest sind und sich die Tiere live anschauen möchten: Buchen Sie eine Whalewatching-Ausfahrt! Es gibt zwar keine Sichtungsgarantie, der Atlantik ist eben kein Zoo. Aber vielleicht haben Sie Glück und ein Pilotwal zeigt seine Rückenflosse! So oder so – allein die Bootsfahrt ist ein unvergessliches Erlebnis (s. S. 71).

Stetig auf und ab geht es über die schmale Landzunge Ponta de São Lourenço, bei der sich immer wieder grandiose Aussichten über das Meer und die Felsformationen ergeben.

Die Lokale mit den besten Aussichten

SPEISEN MIT PANORAMABLICK

Gut essen können Sie auf Madeira an vielen Orten. Doch in manchen Lokalen werden Ihnen zusätzlich zu den ausgefeilten, rustikalen oder deftigen kulinarischen Erlebnissen auch noch einzigartige Meer- oder Bergblicke geboten! Dabei gilt in den meisten Fällen: Reservieren Sie vorab einen Tisch, damit Ihnen die Aussicht sicher ist!

1 Maktub

Peace, Love & Positive Vibes! Diese bunte, chillige Surferbar ist nur wenige Meter vom Meer entfernt, unaufhörlich rollen die Wellen auf den Kiesstrand zu, während die Sonne, begleitet von Reggaeklängen, im Atlantik verschwindet. Es gibt an der Südwestküste Madeiras wahrlich keinen besseren Ort für einen Drink oder ein frisch zubereitetes Dinner zum Sonnenuntergang! Bereits legendär sind nicht nur die Mojitos, sondern auch das alljährlich Anfang Mai stattfindende Soundsgood Festival am Kiesstrand vor dem Lokal.

Maktub
Av. Dos Pescadores Paulenses 160/162,
9370-545 Paúl do Mar,
Tel. 9 15 86 08 98,
www.facebook.com/MaktubPub,
www.facebook.com/maktubsoundsgood,
Do.–Di. 14–2 Uhr

2 Sabores do Curral

Sie sind neugierig auf die Kastanienspezialitäten des Nonnentals oder möchten sich nach einer Wanderung stärken? Dann sind Sie in diesem freundlichen Lokal genau richtig! Die Aussichten aus dem verglasten Speiseraum oder von der Dachterrasse auf die steilen Felswände, die das Tal umgeben, sind einfach atemberaubend schön. Auf der Speisekarte stehen die klassischen Madeiragerichte, aber es finden sich auch eine deftige Kastaniensuppe oder der hier im Nonnental so typische Kastanienkuchen, zu dem der süße Kastanienlikör hervorragend passt. Ebenso köstlich, aber viel filigraner: die hier erfundenen Filoteigtörtchen „Pasteis do Curral" – natürlich ebenfalls mit Kastanienfüllung. Und noch ein Tipp: Probieren Sie doch mal ein Kastanienbier, so etwas finden Sie nicht alle Tage!

Sabores do Curral
Caminho da Igreja 1,
9030-319 Curral das Freiras,
Tel. 2 91 71 22 57,
www.facebook.com/oseurestaurante,
Di.–So. 9.30–18 Uhr

3 Doca do Cavacas

Über der Felsbadeanlage „Poças do Gomes" am Westrand der Uferpromenade von Funchal thront dieses urige Fischrestaurant. Ein bisschen fühlt man sich hier wie in einem Fischerboot, mit all den Netzen an den Wänden und dem Rundumblick aufs Meer. Natürlich gibt's in der Kate vor allem frischen Fisch und Meeresfrüchte. Wenn dann die Sonne im Meer versinkt, wird klar, warum das hier eine der besten Locations für Fisch mit Aussicht ist!

Doca do Cavacas
Rua da Ponta da Cruz 66,
9000-103 Funchal,
Tel. 2 91 76 20 57,
www.facebook.com/rdocadocavacas,
Di.–So. 10.30–24 Uhr

1

3

6

ATLANTISCHER OZEAN
Ilha da Madeira
Porto Moniz
Jardim do Mar
Calheta
Faial
Santa Cruz
Funchal
1 2 3 4 5 6

4 Casa de Chá O Fio

Hier ist Madeira zu Ende, und näher werden Sie dem Sonnenuntergang auf dieser Insel nicht kommen können! Wie schön, dass Sie in diesem urgemütlichen Teehaus nahe dem Leuchtturm im äußersten Westen der Insel auch wunderbar speisen können. Ein echter Hit sind die selbst gebackenen Kuchen. Am besten mit einem der hauseigenen Kräutertees. Die Kräuter stammen aus dem liebevoll gepflegten Kräutergarten und wandern auch in viele der Gerichte. Während Sie die Köstlichkeiten genießen, schweift der Blick über die atemberaubende Landschaft, den Atlantik und hinüber zum Leuchtturm von Ponta do Pargo.

Casa de Chá O Fio
Rua do Miradouro,
9385-232 Ponta do Pargo,
Tel. 291 88 25 25,
Mo.–Sa. 11–19,
im Sommer bis 21 Uhr

5 Sea View

Während unter Ihnen die Wellen donnernd an die Felsen krachen und sich die Badegäste in den Naturpools in der Sonne räkeln, genießen Sie auf der winzigen Terrasse die grandiose Aussicht aufs Meer (hier ist der Name wirklich Programm!). Dazu werden Ihnen ausgefeilte Kreationen der inseltypischen Küche serviert, besonders schmackhaft sind die Lapas grelhadas (gegrillte Napfschnecken) und die frischen Fischgerichte.

Sea View
Hotel Aqua Natura,
Rotunda Da Piscina 3,
9270-156 Porto Moniz,
Tel. 291 64 01 00,
www.aquanaturahotels.com, tgl. 12–22 Uhr

6 Panorama

Am Horizont und hinter den Hügeln Porto Santos färbt sich der Abendhimmel lila, in Vila Baleira gehen langsam die Lichter an, in der Ferne ist bei gutem Wetter Madeira auszumachen – keine Frage, die Lage dieses gemütlichen Restaurants ist einfach fantastisch! Der Name des loungigen Lokals trifft absolut ins Schwarze. Eine schönere Aussicht auf Porto Santo bei gleichzeitig so gutem Essen (probieren Sie mal den Bacalhau nach Art des Hauses oder das saftige Thunfischsteak!) werden Sie auf dieser Insel nicht finden.

Panorama Restaurant & Lounge Bar
Estrada Carlos Pestana Vasconcelos,
9400-105 Casinhas,
Porto Santo,
Tel. 966 78 96 80,
www.facebook.com/panoramaportosanto,
Di–So 18.30–23 Uhr

Porto da Cruz
São Roque do Faial
Espigão Amarelo
Cova das Pedras
Ponta do Bode
Calhau dos Barreiros
Ponta do Rosto
Pedra Furada
Estreito
Ponta de São Lourenço
Baia d'Abra
Ponta do Buraco
Ponta do Furado
Desembarcadouro
Ilhéu do Farol
Ponta das Gaivotas
Prainha
Caniçal
Pedra da Eira
Machico
Ponta Queimada
Agua de Pena
Santa Catarina
Aeroporto do Funchal
Santa Cruz
Santo Antonio da Serra
Camacha
Gaula
Caniço
Quinta
São Gonçalo
Ponta da Atalaia
Reis Magos
Ponta da Oliveira
Parque Nacional de Garajau
FUNCHAL
Paso de Poiso
Portela
OCEANO ATLÂNTICO
Maßstab 1:90.000
0
2km
1
2
3
4

EINLADENDE BUCHTEN UND EINE FASZINIERENDE LANDZUNGE

In den Buchten des Inselostens gingen einst die ersten Siedler an Land – heute landen die meisten Inselbesucher am spektakulären Flughafen bei Santa Cruz und verbringen ihren Urlaub mit Vorliebe an der sympathischen und gut angeschlossenen Südostküste. Landschaftliches Highlight ist die karge Ostspitze Ponta de São Lourenço.

1 Caniço

Die Nähe zu Funchal und die Hotelanlagen im Küstenortsteil Caniço de Baixo haben den kleinen Zwiebelanbauort in eine zersiedelte Stadt mit über 24 000 Einwohnern verwandelt. An die einst so wichtige Anbaufrucht erinnert die alljährlich im Mai gefeierte Festa da Cebola.

SEHENSWERT

Caniço hat sich am Dorfplatz vor der Pfarrkirche aus dem 18. Jh. etwas von seinem Dorfcharakter bewahrt. Das wichtigste Monument ist die Christusstatue an der Ponta do Garajau. Der 14 m hohe **Cristo Rei** breitet bereits seit 1917 seine Arme über den Atlantik aus und ist damit älter als sein berühmter Bruder in Rio de Janeiro. In Caniço de Baixo haben sich mehrere Hotels angesiedelt, sie sind vor allem bei deutschsprachigen Gästen beliebt.

ERLEBEN

Auch wenn die **Praia dos Reis Magos** keinen Sand, sondern Kieselsteine hat, kann man hier prima baden – oder entlang der kleinen Uferpromenade flanieren. Für **Sporttaucher** ist Caniço de Baixo ein optimaler Standort, da man vor den Felsen unterhalb der Hotels bestens abtauchen kann, außerdem ist das **Meeresschutzgebiet von Garajau** in wenigen Bootsminuten erreicht.

HOTELS

Botanischer Garten oder Hotel? In der **€€€ Quinta Splendida** (Estrada da Ponta da Oliveira 11, Tel. 291930400, www.quintasplendida.com) haben Sie beides auf einmal, denn das Herrenhaus und die Apartments verteilen sich über einen weitläufigen blühenden Park, der zu Recht offiziell als botanischer Garten anerkannt ist. Wer lieber in Meeresnähe Urlaub macht, findet im deutschsprachigen **€€ Vila Ventura** (Caminho Cais da Oliveira, Tel. 291934611, www.villa-ventura.com) sympathische Studios und ein prima Gartenrestaurant.

VERANSTALTUNG

Fast schon kurios ist das **Zwiebelfest**: Mit Zwiebelausstellungen und Zwiebeldeko gedenkt man der einst so wichtigen Anbaufrucht.

Die Marinasiedlung Quinta do Lorde wirkt etwas künstlich; Ponchaverkäufer und Gedenktafel fürs Fußballereignis in Camacha

UMGEBUNG

Durch die Tunnel ist das nur rund 4 km Luftlinie entfernte **Camacha** (6200 Ew.) in wenigen Minuten erreicht. Zentrum des Örtchens ist der Dorfplatz Largo da Achada, wo im Jahr 1875 das erste Fußballspiel auf portugiesischem Boden stattfand. Eine Mauer mit entsprechender Inschrift erinnert neben dem Spielplatz an dieses denkwürdige Ereignis (auf das die Madeirer übrigens sehr stolz sind). Die verstreute Ortschaft, die im Durchschnitt auf 700 m Höhe liegt und damit die höchstgelegene Gemeinde Madeiras ist, galt lange als Zentrum der Korbflechterkunst; heute findet man das Kunsthandwerk nur noch vereinzelt.

2 Santa Cruz

Im Schatten (und meist auch in der unmittelbaren Einflugschneise) des Flughafens liegt eine der ältesten Siedlungen Madeiras, die sich vor allem in ihrem historischen Ortskern ihre Authentizität bewahrt hat. Santa Cruz zählt gut 7100 Einwohner und ist heute die Kreisstadt des zweitgrößten Kreises der Insel.

SEHENSWERT

Eingebettet in ein hübsches Ensemble aus Bäumen, abgerundeten Pflastersteinen und weißen Fassaden erhebt sich die Pfarrkirche **São Salvador** aus dem 16. Jh. In dem gotischen Gotteshaus lassen sich manuelinische Steinmetzarbeiten bewundern. Neben der Kirche erinnert das „heilige" Kreuz auf einer Marmorsäule an die Namensherkunft des Orts. Schön flanieren kann man an der Uferpromenade, zwischen den kleinen Häfen ganz im Westen und Osten. In der Mitte der Promenade lohnt sich ein Blick in die Markthalle.

ERLEBEN

Im Sommer füllen sich die Badestellen der Stadt: der Kieselstrand und die Pools der **Praia**

das Palmeiras im Zentrum, die Becken des **Complexo Balnear da Ribeira da Boaventura** im Westen und – für Familien ein Highlight– das Spaßbad **Aquaparque** (Ribeira da Boaventura, https://aquamadeira.com; Juni bis Sept. 10–18 Uhr).

RESTAURANT
Urig und klein ist die authentische **€ Taberna do Petisco** (Rua Cónego Alfredo César Oliveira 23, Tel. 291 64 35 25, www.facebook.com/tabernadopetisco.madeira, Di.–So. 12–24 Uhr), in der man tolle Tapas essen und köstliche Poncha trinken kann.

UMGEBUNG
Über eine fruchtbare Hügellandschaft 5 km oberhalb von Santa Cruz verteilt sich Santo António da Serra, oft abgekürzt als **Santo da Serra** (2200 Ew.). Hier geht es einerseits noch sehr landwirtschaftlich zu, andererseits lockt der Golfplatz des **Clube de Golf Santo da Serra** (Tel. 291 55 01 00, www.santodaserragolf.com) auch zahlungskräftiges Publikum in die oft feuchten Höhen. Die Weinhändlerfamilie Blandy genoss die Aussicht vom **Miradouro dos Ingleses**, bevor sie nach Palheiro Ferreiro (s. S. 40) zog – ihr einstiges Anwesen, die **Quinta do Santo da Serra**, ist heute als Park mit alten Bäumen öffentlich zugänglich.

3 Machico

Im Mündungsbereich der Ribeira de Machico betraten die portugiesischen Seefahrer Zarco und Teixeira 1419 erstmals die Insel, später kam der Ort durch Zuckerrohranbau zu Reichtum. Heute lockt vor allem der Sandstrand Besucher in das beschauliche Städtchen (9800 Ew.) mit seiner halbrunden Bucht.

SEHENSWERT
Die beste Aussicht über das Tal und die Bucht von Machico haben Sie vom **Pico do Facho**, dem spitzen „Fackelberg" 322 m über dem Meer. Früher spähte man von hier nach Piraten, vor denen dann mit Fackeln gewarnt werden konnte – der durch die Zuckerrohranbau erworbene Reichtum hatte sich herumgesprochen; Madeira musste sich vor Übergriffen und Raubzügen schützen. Im historischen Zentrum erhebt sich die Pfarrkirche **Nossa Senhora da Conceição**, deren Grundstein zu Beginn der Besiedlungszeit im 15. Jh. gelegt wurde. Man vermutet, dass der Inselentdecker Tristão Vaz Teixeira, der einen Teil der Insel von Machico aus regierte und heute als Statue vor der Kirche wiedergegeben ist, mit seiner Familie unter einer Seitenkapelle begraben ist. Die Marmorsäulen des Portals stiftete König Manuel I. höchstpersönlich während der Epoche der Manuelinik. Schräg gegenüber wird das **Rathaus** (1920) von einem hübschen Garten geziert. Am steinigen Meeressaum wacht noch immer die gelb getünchte, dreieckige Piratenabwehrfestung **Forte de Nossa Senhora do Amparo** (1706) über die Bucht, in die alte Markthalle dahinter ist ein Restaurant gezogen. Spaziert man vorbei am modernen Kulturzentrum **Forum Machico** gen Westen, erreicht man die barocke **Capela de São Roque** (18. Jh.) am äußersten Ende der Promenade. In der entgegengesetzten Richtung, jenseits der Flussmündung, erstreckt sich das einstige Fischerviertel **Banda D'Alem** mit der wundersamen **Capela dos Milagres**. An genau dieser Stelle soll am Tag nach der Inselentdeckung die erste Messe gefeiert worden sein, die 1425 errichtete Kapelle fiel jedoch Überschwemmungen zum Opfer. Eine damals ins Meer gespülte, sagenumwobene Christusfigur tauchte aber wieder auf und wird seitdem als „Senhor dos Milagres" verehrt und alljährlich im Oktober zur Festa do Senhor dos Milagres ausgiebig gefeiert.

Bauernmarkt

„Sonntags haben wir einen festen Termin: Wir fahren zum Einkaufen nach Santo da Serra! Frisches Obst und Gemüse, Blumen, Fisch und Fleisch – hier bekommen wir alles, was wir brauchen, und das oft viel günstiger als im Supermarkt. Und viel netter, denn man trifft immer ein paar Bekannte, und mittags gibt's einen Snack an einem der duftenden Essensstände. Wir lieben diesen Markt!" (Ana & José aus Machico)

INFORMATION
Mercado do Santo Da Serra:
So. 8–19 Uhr

Der Inselentdecker Tristão Vaz Teixeira (oben) steht vor der Kirche von Machico; Zwischenstopp mit Ausblick am Wanderweg an der Ponta de São Lourenço (rechts oben); auf dem Sonntagsmarkt von Santo da Serra (rechts unten) gibt es frisches Obst und Gemüse.

HOTEL/RESTAURANTS
Das kleine, aber feine Gästehaus **€ Machim D'Arfet** (Rua do Mercado 13, Buchung über booking.com) verfügt über nur 8 Zimmer, liegt mitten in Alt-Machico und hat viel Charme. Wer mit einem Auto unterwegs ist, sollte die Fahrtstrecke zum hoch über dem Tal von Machico gelegenen Restaurant **€€ Lily's** (Estrada D. Manuel I 170, www.restaurantelilys.com; So. abend und Mo. geschl.) in Angriff nehmen: Die Gerichte werden mit so viel Leidenschaft zubereitet, der Service ist so engagiert und die Aussicht so spektakulär, dass sich jede Kurve lohnt. In der Stadt sitzt man schön im **€€ Mercado Velho** (Rua Generel António Teixeira, Tel. 9 62 57 41 02, über www.facebook.com).

VERANSTALTUNGEN
Kirchfeste, Fischerfeste, Folklorefeste, Erntedankfeste – auf Madeira wird in den Orten ordentlich gefeiert. Vor allem Machico scheint ein Händchen dafür zu haben, gute Feste zu veranstalten: Zur **Semana Gastronómica** strömen die Besucher aus allen Teilen der Insel herbei, ebenso zum **Mercado Quinhentista**, einem Mittelalterfest, bei dem die Zeit der Entdeckungen auflebt. Zu den wichtigen religiösen Festen der Insel gehören die Fischerprozessionen für die **Senhora da Piedade** bei Caniçal und die Festa do **Senhor dos Milagres** in Machico. – Was auch immer gefeiert wird, gute Stimmung, laute Musik, saftige Fleischspieße und frisches Coral-Bier dürfen nicht fehlen.

UMGEBUNG
Der **Portela-Pass** (670 m) trennte die Südseite von der Nordseite der Insel – bis die Tunnel gebaut wurden. Wer die 8 km hinauf nach Portela kurvt, hat eine prächtige Sicht Richtung Porto da Cruz und Adlerfels im Norden, außerdem gibt es schöne Wanderwege in der Umgebung.

INFORMATION
www.visitmachico.com

4 Caniçal

Im 20. Jh. lebte das Fischerdorf im tiefen Osten vor allem vom Walfang. Seit dieser in den 1980er-Jahren aus wirtschaftlichen und Artenschutzgründen eingestellt wurde, begann eine spannende Entwicklung hin zum Containerhafen- und Industriestandort. Die Einwohnerzahl verdoppelte sich seit 1960, nun zählt die Gemeinde etwa 3550 Einwohner.

SEHENSWERT
Weder der Containerhafen noch das Industriegebiet gewinnen Schönheitswettbewerbe – dennoch ist Caniçal ein attraktives Ziel. Die Geschichte des Walfangs und der Meeressäuger in ihrem immer bedrohteren Lebensraum wird äußerst anschaulich im großzügig geplanten **Walmuseum** thematisiert (Museu da Baleia, Rua Garcia Moniz 1, www.museudabaleia.org, Di.–So. 10–18 Uhr).

ERLEBEN
Gebadet wird im Sommer in dem **Freibad** am Meeressaum – oder in der Nachbarbucht **Prainha**, einem der ganz wenigen echten Sandstrände der Insel.
In der **Quinta do Lorde**, einer künstlichen Marinasiedlung etwas östlich von Caniçal, gibt es ebenfalls eine Badestelle, außerdem starten hier die **Bootsfahrten** von Madeira Sea Emotions (https://madeiraseaemotions.com), z. B. zur Wal- und Delfinbeobachtung oder zur Ponta de São Lourenço.

RESTAURANT
Für die Meeresfrüchtegerichte der **€ Muralha's Bar** (Sítio da Banda do Silva, Tel. 291961468, www.facebook.com/MuralhasBarCanical) stehen die Einheimischen Schlange, hier kann man sich prima durch verschiedene Petiscos probieren.

UMGEBUNG
Zwischen Prainha und Quinta do Lorde erhebt sich ein halb erodierter Vulkankegel, auf dessen Kuppe die Kapelle **Nossa Senhora da Piedade** thront. Ein gut befestigter Pfad führt hinauf. Alljährlich zur Festa da Senhora da Piedade Mitte September pilgern Fischer zunächst per Schiff und dann zu Fuß zur Muttergottes – eine wunderschöne Prozession.
Ganz im Osten Madeiras wird die Insel plötzlich ganz schmal: Die Landzunge **Ponta de São Lourenço** **TOPZIEL** besteht aus faszinierenden Vulkanformationen. Auf den ersten Blick gibt sie sich trocken und karg, doch im Frühjahr färbt ein feiner Flaum sie grün und zahlreiche Blüten öffnen sich. Ein gut befestigter und beliebter Wanderweg (der erste gebührenpflichtige der Insel: 1 €/Pers., Kinder bis 12 J. frei, digital, am besten vorab mit Kreditkarte zahlen: https://simplifica.madeira.gov.pt/services/78-82-259) führt ab dem schon früh überfüllten Parkplatz an der Baía d'Abra über die Halbinsel bis zur **Casa do Sardinha**, in der ein Infozentrum des Naturparks und eine Snackbar untergebracht sind. Unterwegs gibt es sensationelle Aussichten aufs Meer und geologische Formen aus rötlichem Tuff und dunklem Basalt (hin und zurück mit Abstecher auf den 160 m hohen Morro do Furado 7,4 km). Wer nicht wandern möchte, kann den Blick auf die Landzunge gut vom **Miradouro Ponta do Rosto** an der Nordseite genießen.

NATURERLEBNIS UNTER WASSER

Madeira hat an Land viel zu bieten, keine Frage. Doch wie wäre es mit einem echten Naturerlebnis unter Wasser? Vor der Küste zwischen Caniço und Funchal erstreckt sich bereits seit 1986 das Unterwasserschutzgebiet Garajau. Jene Taucher und Naturschützer, die es geschafft haben, das Areal mithilfe der Regionalregierung zum offiziellen Schutzreservat zu erklären, waren echte Pioniere. Fischen und Sportbootfahren ist hier seitdem verboten, und selbst die Tauchgruppen, die sich heute an der Artenvielfalt im Meeresschutzgebiet erfreuen, zahlen eine Naturparkgebühr für jeden Tauchgang in diesem Gebiet. So vermeidet man zu viel Betrieb, und die Erlöse fließen in die Erhaltung des Reservats.

Übungseinheit im Pool mit Manta Diving, bevor der Atlantik erkundet wird

Heute fahren wir zum ersten Mal zum Tauchen dorthin! Ein bisschen aufregend ist es jedes Mal, auch nach dem bestandenen Tauchkurs. Vor dem Abtauchen gibt's ein Briefing von Tauch-Guide Christina, wir checken das Equipment, schließlich darf unter Wasser nichts schiefgehen. Es ist heiß im Neoprenanzug, doch das wird gleich anders, sobald wir eine Rückwärtsrolle vom Boot in den Atlantik gemacht haben.

Wow, Garajau ist wirklich grandios! Beeindruckend sind die riesigen Zackenbarsche, und manchmal kommen sogar elegante Mantarochen in Sicht. Das Wasser ist klar, die Fische ziehen ohne Scheu vorbei. Eine Muräne guckt neugierig aus ihrem Loch im Fels. Atmen nicht vergessen! Und einfach genießen …

Tauchgänge und Tauchkurse

Für einen geführten Tauchgang im Meeresreservat Garajau oder an einem anderen Tauchplatz benötigt man einen Tauchschein. Tauchschulen bieten mehrtägige Kurse an. Wer noch nie getaucht ist, absolviert am besten erst einmal einen Schnuppertauchgang (im Pool und am Hausriff), um ein Gefühl für das Atmen unter Wasser zu bekommen.

Die deutschsprachige Tauchbasis Manta Diving (Galomar Hotel, Caniço de Baixo, Tel. 291935588, März–Dez., www.mantadiving.com) befindet sich direkt im Naturschutzpark.

*

MADEIRAS SANDIGE FILIALE

*

Was auf Madeira kaum zu finden ist, gibt's auf Porto Santo satt: Fast die komplette Südkante ist mit einen feinsandigen, goldenen Strand gesegnet. Doch in der langen Inselgeschichte wurde auch mancher Fehler begangen, etwa die Abholzung aller Wälder. Dafür will Porto Santo jetzt umso schneller CO_2-frei werden.

Sand ohne Ende: Am Strand von Porto Santo gibt es immer genug Platz für Strandläufer und Badefreunde.

Heute kann man es sich ja kaum noch vorstellen, aber in den alten Zeiten war es nicht so einfach, auf dem Atlantik unterwegs zu sein. Die portugiesischen Seefahrer João Gonçalves Zarco und Tristão Vaz Teixeira waren 1418 heilfroh, eine sichere Bucht gefunden zu haben: König Dom João I. hatte sie beauftragt, neue Gebiete in Afrika zu erkunden. Sie gerieten in einen schlimmen Sturm und konnten sich gerade noch auf eine Insel retten. Sie nannten sie Porto Santo, Heiliger Hafen, aus lauter Dankbarkeit, dem Sturm entflohen zu sein. Ein paar Jahre später ordnete Dom Joãos Sohn, Heinrich der Seefahrer, die Besiedlung der Insel an und setzte Bartolomeu Perestrelo, der später Christoph Kolumbus' Schwiegervater werden sollte, als Gouverneur ein. Portugals erstes Überseegebiet war geboren!

Windmühlen und besondere geologische Formationen wie der Säulenbasalt am Pico de Ana Ferreira sind neben dem Sandstrand die Hauptattraktionen von Porto Santo.

ABGEHOLZT UND AUSGETROCKNET

An Badetourismus war im 15. Jahrhundert allerdings noch nicht zu denken. Die ersten Siedler rackerten sich mit dem bloßen Überleben ab. Um Landwirtschaft betreiben und Getreide anpflanzen zu können, wurden Wälder gerodet. Doch allzu weitsichtig war das nicht, denn damit verstärkte man auf Dauer die Erosion und den Wassermangel auf der Insel. Aus den anfangs omnipräsenten Drachenbäumen zapfte man so lange das

EIN JAHR LANG WURDE DIE ENTDECKUNG DER INSEL VOR 600 JAHREN GEFEIERT.

Färbemittel „Drachenblut", ein wertvolles dunkelrotes Naturharz, bis alle Dragoeiros verkümmert waren. Auf der viel zu trockenen Insel gediehen einzig der Wein und das Weidevieh einigermaßen, wobei der Wein dank der sandigen Böden mit seinem hohen Alkoholgehalt viel intensiver schmeckt als der Tischwein von Madeira. Inzwischen widmen sich ohnehin nur noch die wenigsten Porto-Santenses der Landwirtschaft, denn

Oben: Selbst wenn Porto Santo karg und trocken ist, ein paar grüne Stellen lassen sich finden, auch auf der Wanderung zum Pico Branco e Terra Chã im Nordosten der Insel.

Links: Die Eidechsen lieben die Trockenheit und sonnen sich auf dem vulkanischen Gestein.

Ein Traum aus Meer und Sand: Porto Santos Strand ist sein höchstes Gut.

„SMART FOSSIL FREE ISLAND – NACHHALTIGES PORTO SANTO", HAT SICH DIE INSEL ALS SLOGAN AUF DIE FAHNEN GESCHRIEBEN.

allemal ertragreicher ist ein Job im Beachresort, in der Strandbar, auf dem Flughafen (mitsamt Luftwaffenstützpunkt) oder auf dem Golfplatz.

PIONIERE IM ENTSALZEN …

Um dem Wassermangel entgegenzutreten, baute man nahe dem alten Kai 1979 die erste Meerwasserentsalzungsanlage Europas. Sie war eine der ersten fünf weltweit, die auf die Technologie der Umkehrosmose setzte.

Inzwischen ist sie super-modernisiert und auf die durstigen Strandhotels und die Bewässerung des Golfplatzes und der Weinfelder eingestellt. Wenn sich im Sommer rund 25 000 Menschen auf der Insel aufhalten, entsalzt sie bis zu 6900 m³ Wasser am Tag – sie gilt als eine der fortschrittlichsten der Welt. Trotzdem: Verschwenderisch sollte man mit dem wertvollen Gut nicht umgehen, denn die Entsalzung ist nicht billig und kostet viel Energie.

… UND IN SACHEN NACHHALTIGKEIT

Apropos Energie! „Nachhaltiges Porto Santo – Smart Fossil Free Island", so ist der Slogan, den sich die Insel auf die Fahnen geschrieben hat. Porto Santo soll in den nächsten Jahren CO_2-frei werden, man setzt auf Photovoltaik, Windkraft, Batteriespeichersysteme und Elektrofahrzeuge. Gemeinsam mit den Partnern Renault und The Mobility House entwickelte der Energieversorger Madeiras (EEM) eine Art Testumgebung, die in Zukunft auch anderen Inseln als Vorbild dienen kann. Eine der Errungenschaften waren bidirektionale Ladestationen für Elektrofahrzeuge, die also Strom aufnehmen und abgeben, außerdem verfügt Porto Santo mittlerweile bereits über zwei hochmoderne „Batteriespeicherstationen" (Central de Baterias). So klein die Insel mit ihren 5150 Einwohnern ist, so innovativ zeigt sie sich auf dem Weg in die Nachhaltigkeit.

ZEUGEN DES WINDES

Dass die Windkraftanlagen ihren Teil zum „Smart Island" beitragen werden, steht außer Frage – schließlich hat Porto Santo schon immer einen guten Draht zum Wind gehabt. Die Insel ist flach genug, dass er oft über die kahlen Hänge pfeift. Um 1900 soll es laut Inselchroniken „unzählige" Windmühlen gegeben haben (vermutlich waren es um die 40), doch wo kein Korn mehr wuchs, brauchte man auch keine Windmühlen mehr.

Heute stehen zumindest bei Portela noch drei hübsche Exemplare – und mit etwas Glück sehen Sie sie als Miniaturmühlen bei Senhor Cardina im Museum!

Strandspaziergänge oder Quadausflüge? Hauptsache Bewegung!

Baden ohne Sandfüße an der alten Kaimauer von Vila Baleira

Im warmen Wasser von Porto Santo lässt es sich prima schnorcheln. Vor allem zwischen den Felsen verstecken sich oft die Fische.

Der Largo do Pelourinho ist der Dorfplatz von Vila Baleira: links das alte Rathaus, rechts die Igreja Matriz.

Die Capela de Nossa Senhora da Graça liegt oberhalb von Vila Baleira in Casinhas und bietet eine tolle Aussicht.

Neben der Kirche von Vila Baleira soll einst auch Christoph Kolumbus gewohnt haben. Die Casa Colombo gehört heute zum Inselmuseum.

Beim Kolumbusfest feiert die ganze Insel mit.

Nachhaltiger Transport mit 1 PS

Special

Porto Santos Sand

Der heilsame Sandkasten

Was wäre Porto Santo ohne seinen neun Kilometer langen, feinsandigen Strand? Womöglich einfach nur eine kleine, trockene Nachbarinsel mit wenig Vegetation und wenig Reiz.

Dem Sand sei Dank hat die „Ilha Dourada" im Gegensatz zu ihrer großen, grünen, aber fast sandlosen Schwester Madeira jedoch ein goldenes Ass im Ärmel. Nicht auszumalen, wenn er wirklich mal auf Dauer verschwände, so wie manchmal im Winter, wenn die wilden Wellen der Stürme den Sand holen und blanke Felsen zurücklassen. Nein, der Sand ist Porto Santos höchstes Gut, und zwar nicht nur für die badefreudigen Inselbesucher, sondern auch für die Hotels, die in ihren Spas Thalasso-Therapien mit dem heilsamen Sediment anbieten. Der geschmeidige Sand stammt aus inzwischen pulverisierten Korallenriffen und zerriebenen Muschelschalen. Er enthält überdurchschnittlich viel Jod, Magnesium, Phosphor, Schwefel, Calcit und Strontium – diesen Mineralien werden therapeutische Heilkräfte bei orthopädischen und rheumatischen Beschwerden nachgesagt. Und in der Tat: So mancher Schmerzpatient wurde schon in einer Wanne mit warmem Porto-Santo-Sand von seinen Leiden befreit. Ob im Hotel-Spa oder eingebuddelt am Strand – der Sand der goldenen Insel macht glücklich.

Wohltuende Massage im Ferienresort

Der findige Bastler aus Camacha liebt Windmühlen so sehr, dass er sein (leider nur sporadisch geöffnetes) Privatmuseum in einem Mühlensockel untergebracht hat.

DIE KLEINEN UND GROSSEN FREUDEN

Porto Santo ist im Sommer ziemlich trocken und trubelig, im Winterhalbjahr hingegen zieht sich ein grüner Flaum über die Hänge und es ist manchen gar zu ruhig. Auf den ersten Blick mag man annehmen, es gäbe außer Sand eigentlich nicht viel zu sehen. Dabei sind es neben dem grandiosen Sandstrand vor allem die kleinen Dinge, die Porto Santo so besonders machen. Wie zum Beispiel die liebevoll geführte grüne Pflanzen- und Tieroase Quinta das Palmeiras im Inselwesten.

Hinzu kommen die netten Wanderwege zu den nicht allzu hohen, aber aussichtsreichen Picos der Insel, oder die geologischen Besonderheiten, die als „GEOsítios" klassifiziert sind. Und natürlich muss das köstliche, legendäre Softeis in Vila Baleira probiert werden – es soll Menschen geben, die sogar die zweieinhalbstündige Fährüberfahrt mit dem Lobo Marinho auf sich nehmen, nur um endlich wieder ein „Lambecas" zu essen. Dann reihen sie sich ein in die Schlange am Largo do Pelourinho.

Die schönsten Badestellen

AB INS WASSER!

Nach einer Wanderung oder an heißen Sommertagen gibt es nichts Erfrischenderes, als ein Bad im Atlantik zu nehmen! Zugegeben, das Wasser ist mit seinen 22 °C selbst im Sommer nicht gerade karibisch warm, und im Winter fühlen sich 18 °C ganz schön kalt an. Doch dafür baden Sie hier vor atemberaubend schönen Kulissen!

2

3

1 Die Lavapools von Porto Moniz

Wenn draußen auf dem Atlantik die Brandung gegen die Lavafelsen donnert, sind Sie in den berühmten Meeresschwimmbecken Madeiras bestens geschützt. Rettungsschwimmer sorgen in den Piscinas Naturais für die Sicherheit der Badebesucher, und sollte es doch zu wild sein, werden Abschnitte abgesperrt. Auf den betonierten Liegeflächen kann man prima sein Handtuch ausbreiten und das Treiben im wohl schönsten Freibad des Atlantiks genießen. Nur gute zehn Gehminuten entfernt, am Restaurant Cachalote, das auf eine ins Meer geflossene Lavazunge gebaut wurde, befinden sich weitere, noch naturbelassenere Lavapools. Im klaren Wasser können Sie beim Schnorcheln so manchen Fisch erspähen, und das sogar ganz umsonst. Allerdings gibt es an dieser Badestelle dafür keine Umkleiden oder Rettungsschwimmer.

Piscinas Naturais do Porto Moniz:
Sitio do Lugar,
9270-095 Porto Moniz,
tgl. 9–17, im Sommer bis 19 Uhr
Eintritt 3 Euro

Piscinas Naturais do Aquário (neben dem Restaurant Cachalote):
kein Eintritt

2 Sandstrand von Prainha

Von der Straße aus ist die lauschige Bucht mit dem (auf Madeira ja so seltenen!) Sandstrand nicht einzusehen, ein asphaltierter Pfad führt vom Parkplatz hinunter zum „kleinen Strand". Im Winter kann es auch vorkommen, dass sich das Meer den Sand holt und nur nackte Felsen zurücklässt – Prainha ist ein „Sommerstrand". Dann können Sie hier wunderbar (sonnen)baden, schnorcheln und in der Strandbar realxen.

Prainha:
ca. 2 km östlich von Caniçal an der ER 109

3 Per Seilbahn zur Fajã dos Padres

Allein das Hinabschweben mit der Seilbahn zur bewirtschafteten Fläche Fajã dos Padres am Fuß der Steilklippen ist ein Erlebnis. Vorbei an Mangobäumen und Weinreben spazieren Sie von der Talstation zum Kiesstrand. Treppchen am betonierten Anlagesteg ermöglichen den Einstieg ins Meer. Schnorchel nicht vergessen, es gibt allerlei Fische zu bestaunen! Doch mindestens genauso phänomenal ist die Kulisse der 250 Meter hohen Steilküste hinter Ihnen. Nach dem Baden locken die Köstlichkeiten des Restaurants. Und wem es hier so gut gefällt, dass er am liebsten noch ein bisschen länger bleiben möchte: Neun urgemütliche Ferienhäuser stehen für Gäste zum Mieten bereit!

Fajã dos Padres:
Rua Padre António Dinis, Henriques 1,
9300-261 Quinta Grande,
Tel. 291944538,
www.fajadospadres.com,
Betriebszeit Seilbahn tgl. 10–18 Uhr (im Sommer bis 19 Uhr); Hin- und Rückfahrt 12 Euro

ATLANTISCHER OZEAN
Ilha da Madeira
Porto Moniz 1 5
6
Faial
Jardim do Mar
2
4
Santa Cruz
Calheta
3
Funchal

1

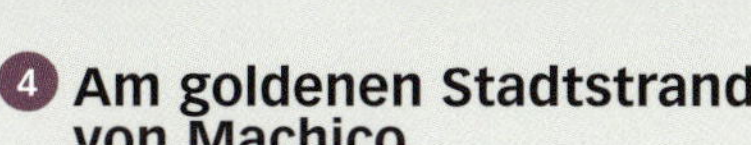

4 Am goldenen Stadtstrand von Machico

Auch wenn dieser helle Sand aus Afrika stammt – es ist einfach herrlich, in der flachen (und damit häufig wärmeren), künstlich angelegten Bucht baden zu gehen. Für Kinder ist es am Strand von Machico besonders angenehm, allein schon zum Sandburgen-Bau! Die größeren Kids schwimmen raus zur blauen Badeinsel und springen von dieser Riesenboje aus im hohen Bogen ins Wasser.

Doch auch passionierte Schwimmer kommen hier auf ihre Kosten, man kann im tieferen Bereich ganz entspannt seine Bahnen ziehen. In die Altstadt von Machico sind es nur wenige Minuten, und auch im Jachthafen finden Sie angenehme Lokale für die Einkehr nach dem Atlantikbad.

Praia de Machico:
Rua do Leiria,
9200-085 Machico

5 Schwarzer Sandstrand mit Aussicht in Seixal

Dieser Sandstrand im Norden der Insel ist noch fast ein Geheimtipp, zumal über die schmale und abschüssige Straße zur Hafenmole von Seixal keine Reisebusse fahren können. Hier unten erstreckt sich ein schwarzsandiger Strand mit einzigartiger Aussicht auf die steile Felsküste und den Wasserfall Véu da Noiva. Sind die Wellen zu hoch, kann man im geschützten Naturpool des Clube Naval gegenüber baden, außerdem lädt das Café der Anlage zur chilligen Einkehr.

Praia do Porto de Abrigo do Seixal
und
Piscinas do Clube Naval do Seixal:
Cais do Seixal,
9270-130 Seixal,
Piscinas: tgl. 10–22 Uhr

6 Der Traumstrand von Porto Santo

Wer einen richtigen Strandurlaub machen möchte, ist auf Madeiras Nachbarinsel am besten aufgehoben. Hier gibt's Sand satt, und zwar richtig schönen, feinen, hellen Sand! Neun Kilometer lang. Das lohnt sich bei schönem Wetter auch als Tagesausflug, die Fähre Lobo Marinho verbindet Funchal ja fast täglich mit dem Strandparadies auf der Nachbarinsel. Besser ist natürlich ein mehrtägiger Aufenthalt, so reicht die Zeit auch für ausgiebige Strandspaziergänge. Außerhalb der Sommerferien kann man sich dabei sogar ziemlich einsam fühlen …

Fähre „Lobo Marinho":
www.portosantoline.pt

Ilhéu da Fora
Baixo do Meio
Baixa dos Barbeiros
Focinho da Forte
Ilhéu das Cenouras
Furnas das Amasiadas
Ilhéu da Fonte da Areia
Rocha do Gasparão
Pico Juliana
440
Pico das Urzes
450
Serra de Dentro
Camacha
Pico do Facho
517
Fonte da Areia
Farrobo
ER 120
Pico do Castelo
437
Ponta do Varadouro
Urnal Grande
Pico do Concelho
324
Ponta dos Ferreiros
Barbara Gomes
227
Serra de Fora
Porto Santo
138
Dragoal
Capela de Na. Sra. da Graça
275
ER 260
Casinhas
163
Portela
Penedo
Pico do Macarico
285
Tabaqueira
Quinta das Palmaires
176
Tanque
Salões
Barroca
Ponta da Galé
Porto de Abrigo
Campo de Cima
Mus de Cristóvão
Vila Baleira
(Porto Santo)
Boqueirão de Cima
S. Sebastião
Ilhéu de Cima
119
Lombas
Rib. Salgado
Campo de Baixo
Ponta de Oeste
Ponta da Canaveira
Espigão
270
Pico de Ana Ferreira
283
Ilhéu de Ferro
115
Ponta de Cabra
Focinho do Urso
117
Ponta
Ponta do Gabriel
184
Funchal (Madeira)
OCEANO
ATLÂNTICO
Ponta da Calheta
Boqueirão de Baixo
Pedra Branca
179
Moledo Ruivo
Portinho
Ilhéu de Baixo ou da Cal
Ponta da Isabel
167
Ponta do Patacho
Ponta do Ilhéu
Maßstab 1:75.000
0
2km

STRAND UND MEHR AUF DER GOLDENEN INSEL

Auf Madeiras Nachbarinsel dreht sich vieles um den sensationellen Sandstrand – die meisten Besucher kommen vor allem deshalb her. Doch Porto Santo hat noch mehr zu bieten: sanfte Hügel, bizarre Felsformen, grüne Oasen und 5150 herzliche Einwohner, die ihre Insel nach dem Sommerrummel wieder fast für sich allein haben.

1 Vila Baleira und die Südküste

Porto Santos Hauptstadt ist der Dreh- und Angelpunkt der kleinen Insel, deren Name „heiliger Hafen" bedeutet. Der Fährhafen, Gastronomie, Supermärkte und eine Reihe Hotels konzentrieren sich in der erst 1996 zur Stadt ernannten Siedlung. Parallel zum 9 km langen Sandstrand haben sich inzwischen weitere Resorts und Apartmentanlagen aufgereiht.

SEHENSWERT

Bevor der Hafen im Osten der Stadt gebaut wurde, legten die Schiffe am **Cais Velho** aus dem Jahr 1929 an. Von hier führt die hübsch angelegte Parkallee Alameda Infante D. Henrique schnurgerade ins historische Herz der Stadt, zum lauschigen Dorfplatz **Largo do Pelourinho**. Vor dem alten Rathaus im portugiesischen Renaissancestil des 16. Jh.s erinnern zwei Drachenbäume an die einst überall auf der Insel vorkommende Vegetation. Nebenan erhebt sich die Pfarrkirche **Nossa Senhora da Piedade**, die seit ihrer Errichtung im 15. Jh. mehrmals verändert wurde. Das Altarbild stammt vom deutschen Maler Max Römer, der in den 1940er-Jahren auf Madeira lebte.
Der Nachbarplatz ist bereits etwas moderner, hier befinden sich ein Kultur- und Kongresszentrum und das neue Rathausgebäude. Über ein Brückchen über die Ribeira do Tanque erreicht man die **Rua Zarco**, heute eine Fußgängerzone mit kleinen Lädchen und Bars. Weitere Einkaufsmöglichkeiten und Lokale gibt es entlang der Avenida Gregório Pestana Júnior, inseltypisches Kunsthandwerk wird im **Centro de Artesanato** angeboten.

MUSEUM

Porto Santos bis dato berühmtester Besucher war Christoph Kolumbus. Er ehelichte um 1480, noch einige Jahre vor seinem Amerikaabenteuer, die Adlige Filipa Moniz, eine späte Tochter des ersten Gouverneurs Bartolomeu Perestrelo. Sie lebten – vermutlich – in einem Haus hinter der Kirche, heute ist es Teil des Inselmuseums **Casa Colombo** (Travessa da Sacristia

Abends kehrt Ruhe auf Porto Santo ein; Zierfische im Garten der Quinta das Palmeiras; das Kolumbusfest findet im September statt.

2–4, https://cultura.madeira.gov.pt/casa-colombo-museu-do-porto-santo, Mo.–Fr. 10 bis 12.30 und 14–17.30, Sa./So. 10–13 Uhr, im Winter Di. geschl.). Ausgestellt sind Exponate zur Schifffahrt und zur Geschichte Porto Santos, vor allem aber Stücke, die sich um das Leben und Wirken Kolumbus' ranken, z. B. Schiffsmodelle, Seekarten und Porträtstiche, aber auch so manche Geschichte über die spanische und portugiesische Seefahrerzeit.

ERLEBEN

Wer nicht nur am Strand liegen möchte, findet vor allem im Sommer gute **Wassersport-Alternativen**: Die On Water Academy (nahe Hotel Luamar, Praia do Cabeço, www.instagram.com/onwateracademy) bietet Surf-, Windsurf-, Stand-up-Paddling- oder Schnorchelkurse an und verleiht auch entsprechendes Material. Halb- oder ganztägige **Segeltörns** inklusive Schnorchelpause, Abstecher auf den Ilhéu da Cal und Snack bzw. Mittagessen sind möglich auf der Jacht Tanto Faz (Tel. 969643322, www.sailme.pt).

Ein besonderes Highlight ist ein **Tauchausflug in die Unterwasserwelt TOPZIEL** zur absichtlich versenkten Korvette Pereira D'Eça oder zu einem der vielen fischreichen Felsspots. Wer noch keinen Tauchschein hat, kann erst mal einen **Schnuppertauchgang** *(batismo)* machen. Verschiedene Tauchbasen bieten Tauchgänge und Ausbildungen an, z. B. Porto Santo Sub im Penedo (Tel. 916033997, www.portosantosub.com).
Porto Santo eignet sich gut zum **Radfahren**, ein küstenparalleler Radweg führt bis zur Ponta da Calheta, und selbst eine Inselrundfahrt ist mit etwas Kondition und einer Gangschaltung gut zu schaffen (s. a. S. 115).
Fahrräder für die Erkundungstour, auch Trekking-Elektrofahrräder, kann man bei Auto Acessórios Colombo ausleihen (Av. Vieira de Castro 64, Tel. 291984438, www.aacolombo.com).
Mountainbiker wagen sich auch die steilen Wege hinauf zum **Pico do Castelo** und **Pico do Facho**, der mit seinen 516 m die höchste

Erhebung der Insel darstellt, oder aber in die Gegend des **Pico das Flores** ganz im Westen der Insel.
Wer die Insel lieber per **Busausflug** oder **Jeepsafari** kennenlernen möchte, kann über Lazermar (Rua Zarco 66, Tel. 9 63 50 14 88, www.lazermar.com) eine 2,5 bzw. 3,5 Stunden lange Rundtour buchen.
Golfer schätzen den 18-Loch-Par-72-Parcours von Porto Santo Golfe (Sítio das Marinhas, Tel. 2 91 98 37 78, http://portosantogolfe.com).

VERANSTALTUNGEN
Zu den wichtigsten religiösen Events der Insel gehören die fünftägigen Johannisfeste **Festas de São João** rund um den 24. Juni, deren Höhepunkt die Umzüge *(marchas populares)* bilden. Bei der **Festa das Vindimas**, dem Weinfestival in der letzten Augustwoche, herrscht buntes Treiben auf dem Largo do Pelourinho. Alljährlich am dritten Wochenende im September wird beim **Festival Colombo** die Ankunft des berühmten Besuchers auf der Insel nachgespielt und vor allem mit viel Musik und Gastronomie gefeiert.

HOTELS
Inzwischen gibt es mehrere Strandhotels und All-inclusive-Resorts auf Porto Santo, die größte Anlage gehört zur Pestana-Gruppe (**€€€ Pestana Colombos & Pestana Porto Santo**, Campo de Baixo, Tel. 2 91 14 40 50, www.pestana.com) und verfügt zusammen über mehr als 500 Zimmer. Es fehlt weder an Pools, Spa-Angeboten und Animation noch an Luxus.
Etwas beschaulicher geht es im 3-Sterne-Hotel **€€ Inatel Porto Santo** (Estrada Regional 120, Cabeço, Tel. 2 92 98 03 00, https://hoteis.inatel.pt, Suchfeld/Select: Inatel Porto Santo Hotel) mit seinen 35 Zimmern, dem großen Außenpool und dem attraktiven Spielplatz zu. Es liegt etwas außerhalb Richtung Ponta da Calheta, aber auch direkt am Strand.

Nach einem Strandtag am Atlantik bietet eine Runde auf dem 18-Loch-Golfplatz (rechts) manchem Porto-Santo-Urlauber willkommene Abwechslung; der Blick aus dem Flugzeug zeigt die Kargheit der Insel.

RESTAURANTS
Die gemütliche **€ Wine Bar 3V's** (Rua Gregório Pestana 8, Tel. 9 17 85 67 98, www.facebook.com/3vsportosanto, Juni–Okt. 16–24 Uhr) serviert Porto-Santo-Wein aus eigener Herstellung, köstliche Sangria und tolle Petiscos. Im entspannten Strandlokal **€€ Pé na Água** (Sítio das Pedras Pretas, Tel. 2 91 98 52 42, www.facebook.com/penaagua, Feb.–Dez. 10–24 Uhr) sitzt man zum frischen Fisch oder beim Cocktail tatsächlich fast „mit einem Fuß im Wasser". Wer auf Porto Santo Fleischspieße essen möchte, geht am besten ins **€ O Forno** (Av. Henrique Vieira de Castro, Tel. 2 91 98 40 35).

»EUROPA WEISS WOHL, WO PORTUGAL LIEGT, DOCH ICH WAGE WEITERHIN ZU BEZWEIFELN, DASS DIESES EUROPA WEISS, WAS PORTUGAL IST.«

José Saramago

UMGEBUNG
Vorbei an den Hotelresorts von Campo de Baixo erreicht man – per Auto oder Fahrrad – die **Ponta da Calheta** (ca. 8 km) ganz im Westen der Insel. Gegenüber liegt die Ilhéu da Cal mit ihren bizarren Kalksteinformationen. Vom **Miradouro das Flores**, knapp 170 Meter oberhalb der Ponta da Calheta, hat man einen herrlichen Rundumblick über den Südteil der Insel und manchmal sogar bis hinüber nach Madeira. Etwas weiter östlich erhebt sich der **Pico de Ana Ferreira**, an dessen Nordflanke eckige Basaltsäulen wie Orgelpfeifen aufgereiht stehen. Wenige Kilometer nördlich von Campo de Cima überrascht die **Quinta das Palmeiras** (Estrada das Pedras Vermelhas, Linhares, www.facebook.com/quintadaspalmeirasportosanto; tgl. 10–13, 15–17 Uhr, im Aug. durchgängig, Eintritt 3 €) inmitten der kargen Landschaft mit einer wundervoll tiefgrünen, piependen Oase: Senhor Carlos Afonso hat in jahrelanger Arbeit einen fast tropisch anmutenden botanischen Garten mit Mini-Zoo, Wasserläufen und Café angelegt.

Östlich (rd. 3 km) von Vila Baleira erinnern in **Portela** drei hübsch restaurierte Windmühlen an vergangene Zeiten, als es noch zahlreiche Mühlen auf Porto Santo gab. Vom **Miradouro da Portela** bietet sich eine tolle Aussicht über den Strand und die halbe Insel – vor allem bei Sonnenuntergang ist das eine echte Wucht. Das passende Restaurant dazu ist das loungige **€€ Panorama Restaurant & Lounge Bar** (Estrada Carlos Pestana Vasconcelos, Tel. 9 66 78 96 80, www.facebook.com/panoramaportosanto, Di.–So., nur abends, es gibt kostenlose Shuttles von den Hotels zum Lokal).

INFORMATION
Posto de Informação Turística Porto Santo
Centro de Artesanato,
Av. Dr. Manuel Gregório Pestana Júnior,
Tel. 2 91 98 52 44

2 Camacha

Wenn Sie Vila Baleira schon ruhig fanden, fahren Sie doch mal nach Camacha (450 Ew.), den einzigen Ort auf der Nordseite der Insel. Hier

Tipp

Schnorcheln mit Matias

Wie wär's mit einem Schnorchelausflug in eine der schönsten Buchten Porto Santos? Matias holt Sie ab und fährt Sie über holprige Pisten zur Felsbadestelle Praia do Zimbralinho ganz im Westen der Insel, er gibt Neoprenanzüge aus und erklärt das Schnorcheln. Und dann heißt es: ab ins Wasser! Hier zeigt er Ihnen die Fische, Kraken, Seesterne und was es in dem marinen Schutzgebiet sonst noch so zu sehen gibt.

INFORMATION
Ausflüge nach Absprache, Buchung über die Webseite www.portosantodestinationtours.com oder Tel. 9 11 79 89 89, Schnorcheltour 40 €, Nachtschnorcheln 55 €

geht es noch immer sehr ländlich zu, an den Hängen reifen die Tafeltrauben und zudem manche der Rebsorten für den Inselwein – und wer möchte, kann das Ergebnis dieser Arbeit auch noch gleich vor Ort verkosten.

SEHENSWERT
Die „Sandquelle" **Fonte da Areia** kurz hinter Camacha (vorbei an der Landebahn) gehört aufgrund ihrer besonderen Geologie zu den zehn ausgewiesenen „GEOsítios" der Insel. Einst nutzten die Einheimischen die Süßwasserquelle als öffentlichen Waschplatz, man sagte dem angeblichen Jungbrunnen sogar Heilkräfte nach. Der dazugehörige Aussichtspunkt mit Picknickgelegenheit könnte allerdings auch mal eine Schönheitskur vertragen. Östlich von Camacha erheben sich die höchsten Picos der Insel: Während der **Pico do Facho** (516 m) nur per Wanderung zu erreichen ist, führt auf den **Pico do Castelo** (437 m) auch eine Straße. Hier kann man sich bei schönem Wetter prima zu einem Picknick niederlassen.

MUSEUM
Der Hobbybastler Senhor Cardina hat in seinem kleinen ethnografischen Privatmuseum **Museu Cardina** (Estrada Domingos D'Ornelas, Besuch nach Voranmeldung, Tel. 927 22 92 60) über die Jahre eine faszinierende Welt aus Miniatur-Windmühlen, Handwerksgerätschaften und Brunnendenkmälern geschaffen.

ERLEBEN
Auf Porto Santo sind drei offizielle Wanderwege markiert. Der schönste führt über die **Vereda do Pico Branco e Terra Chã** (PS PR 1, 2,7 km, 1,5 Std.) in den aussichtsreichen Nordostzipfel und auf den Pico Branco; die **Vereda do Pico do Castelo** (PS PR 2, etwa 4,6 km, ca. 2 Std.) in die höchsten Gefilde der Insel – vom Pico Castelo und bei der Umrundung des Pico do Facho bieten sich schöne Blicke auf die Insel. Entlang der **Levada do Pico do Castelo** (PS PR 3, ca. 4 km, ca. 2 Std.) können Sie von Camacha bis zum Fuß des Pico do Castelo wandern und ab hier quer über die Insel bis zur Capela da Graça. Dort gibt es eine herrliche Aussicht über den Süden der Insel. Beschreibungen zu den drei Wanderwegen gibt es im Tourismusbüro oder unter www.visitmadeira.pt. Wer im Norden baden möchte, kann sich auf den (recht beschwerlichen) Weg zu den **Felsenpools des Porto das Salemas** nördlich von Camacha machen. Je nach Tide entstehen kleinere oder größere Becken, besonders angenehm ist die Badestelle bei Ebbe.

RESTAURANT
In der vierten Generation besteht nun das **€€ Restaurante Torres** (Estrada Domingos D'Ornelas, Tel. 291 98 43 73). Alte Familienrezepte und sehr viel Leidenschaft sorgen dafür, dass die Speisen einfach vorzüglich schmecken. Am berühmtesten ist das Oktopus-Gericht „Polvo à moda da Clarinha", dazu schmeckt der inseleigene Wein. Es gibt einen Fahrservice vom und zum Hotel.

PORTO SANTO AUF DIE SPORTLICHE TOUR

Klar können Sie sich auch einfach an den Strand legen. Doch ein bisschen mehr möchten Sie vielleicht schon von der Insel sehen. Im Gegensatz zu Madeira lässt sich Porto Santo mit ein bisschen Fitness (und einer guten Gangschaltung) sogar völlig emissionsfrei erradeln – beispielsweise bei einer ganz und gar umweltfreundlichen Erkundungstour der „Ilha Dourada"!

Nicht nur die weniger steilen Hügel, sondern auch der spärliche Verkehr tragen dazu bei, dass man auf Porto Santo prima Fahrradtouren unternehmen kann. Also, auf zum Fahrradverleih, Bremsen und Gangschaltung testen, Helm auf und los! Zwischen Vila Baleira und der Ponta da Calheta gibt es sogar einen Radweg parallel zum berühmten Sandstrand, hier lässt es sich ganz gemütlich radeln.

Der Fahrtwind (und vielleicht eine Badepause?) sorgt unterwegs für Erfrischung.

Eine komplette Inselrundfahrt hingegen ist ein etwas sportlicheres Vergnügen. Hier empfiehlt sich wirklich ein gutes Fahrrad mit einer ordentlichen Gangschaltung. Wir fahren gegen den Uhrzeigersinn, so kommen die meisten Steigungen eher am Anfang. Bereits von Vila Baleira hinauf zum Miradouro da Portela kommt man ins Schwitzen. Danach können Sie es rollen lassen bis nach Serra de Fora. Der Abstecher zum reizvollen Calhau, der Anlegestelle an der Ostküste, lohnt sich (vor allem für einen Sprung ins kühle Nass), allerdings müssen Sie das Ganze auch wieder hinauf, bevor die rasante Abfahrt zu den hübschen Häusern von Serra de Dentro lockt. Hier beginnt die knackigste Etappe, mühsam geht es dem Pico Juliana entgegen. Die karge, aber faszinierende Landschaft entschädigt für die Strapazen, zumal es ab jetzt fast nur noch bergab geht, vorbei am Aussichtspunkt Pedregal, weiter nach Camacha und hinab nach Vila Baleira.

Fahrradverleih: Auto Acessórios Colombo, Av. Viera de Castro 64, 9400-179 Vila Baleira, Porto Santo, Tel. 291 98 44 38, www.aacolombo.com

HILFREICH & NÜTZLICH

Praktische Informationen für die Reise und einiges Wissenswerte über Madeira haben wir hier für Sie zusammengetragen.

Madeiras traditionelle Küche ist schnörkellos und deftig – auch im A Pipa in Porto da Cruz.

Anreise

Mit dem Flugzeug: Die meisten Urlauber aus Mitteleuropa kommen per Direktflug. Es kann aber zu jeder Zeit im Jahr vorkommen, dass Flüge wegen ungünstiger Winde nach Porto Santo, auf die Kanaren oder gar zurück zum Festland umgeleitet werden müssen. Wenn Porto Santo Ihr Ziel ist, können Sie mit Binter (www.bintercanarias.com) von Madeira hinüberfliegen oder ab Funchal die Fähre „Lobo Marinho" (www.portosantoline.pt) nehmen.
Transfer: Der Flughafen „Cristiano Ronaldo", benannt nach dem portugiesischen Fußballspieler, liegt etwa 20 km östlich von Funchal bei Santa Cruz. Falls Sie keinen Mietwagen bereits gebucht haben, kommen Sie per Taxi oder vorab bestelltem Privattransfer bzw. Shuttle (z.B. http://madeira-airport-transfers.com, ab 6 Euro) zu Ihrem Ziel. Zwischen Funchal und Flughafen verkehrt zudem der **Aerobus** (5 Euro pro Strecke, hin und zurück 8 Euro).

Auskunft

Visit Madeira: www.visitmadeira.pt. Offizielle Webseite des Tourismusverbands.
Posto de Informação Turística: Avenida Arriaga 16, Funchal, Tel. + 351 291 14 53 05, Mo.–Fr. 9–20, im Winter bis 19, Sa./So. 9–15.30 Uhr.
Weitere Touristeninformationsbüros: im Flughafen (tgl. 9–21.30 Uhr), am Kreuzfahrtschiff-Terminal (bei Ankünften), in Porto Moniz (Mo.–Fr. 10–16, Sa. 10–12.30 Uhr), in Ribeira Brava (Mo.–Fr. 10–16, Sa. 10–12.30 Uhr), in Santana (Mo. 14–16.30, Di.–Fr. 9.30–16, Sa. 9–13 Uhr) und auf Porto Santo (Juli–Sept. Mo.–Fr. 9.30–12.30, 14–17.30, Sa./So. 10–13 Uhr, im Winter unregelmäßig).

Auto und Bus

Mietwagen: Am meisten sehen Sie von Madeira mit einem Mietwagen. Die größeren Mietwagenfirmen sind am Flughafen vertreten, idealerweise buchen Sie den Wagen schon im Voraus. Überprüfen Sie unbedingt die Bremsen und achten Sie auf genug PS.
Straßenverhältnisse: Bedenken Sie, dass die Straßenverhältnisse – abgesehen von der Via Rápida und anderen Schnellstraßen – nicht ganz einfach sind: Steile, kurvige, schmale Straßen verbinden viele Orte, und gerade bei starkem Regen kann es zu Steinschlag oder Erdrutschen kommen, was zu Straßensperren führt. Infos bietet die Website des Zivilschutzes (www.procivmadeira.pt).
Verkehrsregeln: Es gilt die Promillegrenze von 0,5 ‰ und das Tempolimit von 90 km/h auf der Via Rápida. In den Ortschaften darf 50 km/h gefahren werden, außerhalb (wenn Gefälle und Kurven es erlauben) 80 km/h.
Busfahren: Wer die Insel mit öffentlichen Verkehrsmitteln erkunden möchte, muss gut planen und braucht starke Nerven, wenn die Fahrer über uneinsehbare Kurvenstrecken brausen. Das Busnetz ist auf die Bedürfnisse der Bevölkerung ausgerichtet, dementsprechend günstig sind die Preise. Es gibt vier Busunternehmen (www.horariosdofunchal.pt, www.eacl.pt, www.sam.pt und www.rodoeste.pt). In manche Regionen (v. a. in viele Wandergebiete) fahren allerdings keine Busse. Innerhalb von Funchal oder Richtung Câmara de Lobos, Caniço und Machico ist das Linienbusnetz recht gut zu nutzen. Fahrkarten gibt es beim Fahrer, für die Horarários do Funchal auch an Ticketautomaten, wo man wiederaufladbare »Giro-Tickets« erhält.

Info

Daten & Fakten

Geografische Lage: Der Madeira-Archipel besteht aus den Inseln Madeira und Porto Santo sowie den unbewohnten Ilhas Desertas und Ilhas Selvagens. Die nächsten Nachbarn sind die Kanaren (ca. 500 km) und Marokko (ca. 700 km). Bis zum portugiesischen Festland sind es etwa 850 km.
Fläche: Insgesamt ca. 800 km², davon 741 km² auf Madeira, 43 km² auf Porto Santo.
Höchste Erhebungen: Pico Ruivo (Madeira, 1862 m), Pico do Facho (Porto Santo, 516 m)
Verwaltung: Die Autonomieregion Madeira besteht aus elf Kreisen (Municípios) – zehn Kreisen auf Madeira, einem auf Porto Santo. Hauptstadt ist Funchal (ca. 106 000 Ew.)
Einwohner: ca. 253 000, davon ca. 5150 auf Porto Santo
Bevölkerungsdichte: 316 Einwohner/km²
Sprache: Portugiesisch
Bevölkerungsentwicklung: Die Bevölkerungszahlen auf Madeira nehmen seit etwa 2010 stetig ab. Viele junge Leute verlassen die Insel, um an anderen Orten zu studieren oder zu arbeiten, und nur wenige kommen wieder zurück. Es gibt kaum Zuwanderung, der Ausländeranteil ist, abgesehen von (häufig erst im Rentenalter) zugezogenen Mitteleuropäern und Briten sowie einigen Einwanderern aus Brasilien oder ehemaligen portugiesischen Kolonien, gering.
Wirtschaft: Die bedeutendste Einnahmequelle ist der Tourismus. Zu den wichtigsten Exportprodukten gehören Bananen, Madeirawein und Schnittblumen.

Essen und Trinken

Gerichte: Die traditionelle madeirische Küche ist geprägt von einfachen, deftigen Fisch- und Fleischgerichten, die immer noch in vielen Lokalen serviert werden. Zu den Klassikern gehören z. B. saftige **Espetadas** (Rindfleischspieße), **Peixe Espada com Banana** (Degenfisch mit Banane) oder **Bife de Atum** (Thunfisch-Steak). Dazu gibt's Pommes oder **Milho Frito** (frittierte Polenta) und Salat. Gemüse findet man bevorzugt in Form von Suppen. Soßen zu Fisch oder Fleisch sind oft Fehlanzeige und manchem fehlt vielleicht etwas Raffinesse. Doch allmählich weht durch immer mehr Lokale, vor allem in Funchal, ein frischer Wind: Es wird verfeinert und variiert – und auch der Begriff *vegetariano* wird inzwischen verstanden.
Getränke: Zum Essen trinkt man gerne Bier (z. B. die Insel-Biermarke „Coral") oder Wein, wobei Tischweine größtenteils vom Festland kommen. Der berühmte **Madeirawein** wird als Aperitif oder Digestif getrunken, den süffigen Mini-Cocktail **Poncha**, bestehend aus Zuckerrohrschnaps, Honig sowie Zitronen- und Orangensaft, gibt's zu jeder Tages- und Nacht-

Aussichtsreiche Fahrt: Die Seilbahn führt zur Fajã da Quebrada Nova und zum Meer hinab.

zeit. Ein typisches nichtalkoholisches Getränk ist **Brisa**, eine sprudelige Maracuja-Limonade. Nach jeder Mahlzeit (und auch zwischendurch) trinken Portugiesen Espresso, den man auf Madeira wie in Lissabon **Bica** nennt.
Restaurants: Von einfachen Snackbars oder Tascas bis hin zu Sterne-Restaurants hat Madeira eine breite Palette an Einkehrmöglichkeiten. Viele Lokale servieren mittags ein günstiges Tagesgericht. Wenn Ihr Hunger nicht so groß ist, bestellen Sie eine „halbe Portion" *(meia-dose)*, eine ganze Portion reicht häufig für zwei. Als Vorspeise wird (häufig noch immer ungefragt) ein Couvert (Brot, Oliven, Patés etc.) gereicht. Probieren Sie es, wird es abgerechnet, Sie können es aber auch ablehnen. Bestimmte Fische oder Meeresfrüchte werden nach Gewicht berechnet, hier lassen Sie sich am besten vorher vom Ober die Kosten kalkulieren. Am Ende fragen Sie nach der Rechnung *(A conta, se faz favor)*. In der Gruppe wird in der Regel gemeinsam bezahlt. Wenn Sie mit dem Service zufrieden waren, freuen sich Kellnerin/Kellner über 5–10 Prozent Trinkgeld.

Preiskategorien

€ € €	Hauptspeisen	über 30	€
€ €	Hauptspeisen	15 – 30	€
€	Hauptspeisen	unter 15	€

Feiertage

1. Januar	Neujahr
März/April	Karfreitag
25. April	Nelkenrevolution 1974
1. Mai	Tag der Arbeit
Mai	Christi Himmelfahrt
10. Juni	Nationalfeiertag
Juni	Fronleichnam
1. Juli	Madeira-Tag
15. August	Mariä Himmelfahrt
21. August	Funchal-Tag
5. Oktober	Tag der Republik
1. November	Allerheiligen
1. Dezember	Tag der Restauration
8. Dezember	Unbefleckte Empfängnis
25. Dezember	Weihnachten

Feste und Festivals

Carnaval (Februar, Funchal)
Festa da Flor – Blumenfest (April, Funchal)
Festival do Atlântico (Juni, Funchal)
Semana do Mar (Juli, Porto Moniz)
Nossa Senhora do Monte – Marienwallfahrt (August, Monte)
Festa do Vinho – Weinfest (August/September, Estreito de Câmara de Lobos/Funchal)
Festival Colombo – Kolumbusfest (September, Porto Santo)
Fim do Ano – Weihnachtsschmuck, Silvesterfeuerwerk u. a. (Dezember, Funchal)

Geld

Auf Madeira gilt der Euro. Bank- und Kreditkarten werden fast überall akzeptiert, teils gibt es einen Mindestbetrag. Geldautomaten sind weit verbreitet, selbst in kleineren Ortschaften. Für herkömmliche Geldautomaten gilt eine Abhebegrenze von zwei Mal zweihundert Euro am Tag, Heimatbanken berechnen evtl. eine Abhebegebühr. Bei mit „Euronet Worldwide ATM" gekennzeichneten Automaten fällt diese weg, zudem kann mehr Geld abgehoben werden.

Gesundheit

Als EU-Bürger erhalten Sie mit der Europäischen Versichertenkarte (EHIC) in den staatlichen Krankenhäusern kostenlose oder kostenreduzierte medizinische Behandlung. Eine Auslandskrankenversicherung ist dennoch empfehlenswert.
In privaten Gesundheitseinrichtungen treten Sie in Vorleistung, Rechnungen reichen Sie bei Ihrer Versicherung ein. Lassen Sie sich immer einen Bericht mitgeben.

Wasser: Das (vor allem in Funchal ziemlich chlorhaltige) Leitungswasser kann man theoretisch trinken. Besser schmeckt abgefülltes Wasser, es ist überall erhältlich. Wer Wasser mit Kohlensäure möchte, kauft *água com gás*, das an den grünen Flaschen zu erkennen ist.

Kinder

Es gibt eine ganze Reihe von Attraktionen für Familien. Allen voran **Bootsfahrten**, ob zur Wal- und Delfinbeobachtung (z. B. www.lobosonda.com ab Calheta) oder mit der Santa Maria (www.santamariadecolombo.com), die in Funchal startet und wie ein Piratenschiff aussieht.
Wenn die Kinder schwimmen können, haben sie viel Spaß im Rutschenparadies des **Aquaparque** von **Santa Cruz** (https://aquamadeira.com), in den **Lavapools** von **Porto Moniz** oder in den **Lido-Badeanlagen** von **Funchal** (www.frentemarfunchal.com). Zum Sandburgenbauen geht's nach Porto Santo oder an die künstlichen Sandstrände von Calheta und Machico oder die schwarzen Strände von Prainha oder Seixal.
Ein Erlebnis ist im Allg. der Besuch der **Vulkanhöhlen von São Vicente** samt Aufzugfahrt zum „Mittelpunkt der Erde" (www.grutasecentrodovulcanismosaovicente.com); auch der Freizeitpark **Parque Temático da Madeira** (www.parquetematicodamadeira.pt) mit Bimmelbahn und Themen-Pavillons lohnt sich.
Zeitreisen unternimmt man im interaktiven Geschichtsmuseum **Madeira Story Centre** (www.madeirastorycentre.com) in der Altstadt von Funchal. Nebenan wartet mit dem Elektrizitätsmuseum **Casa da Luz** (www.facebook.com/museucasadaluz) ein weiteres Museum, das für technikinteressierte Kinder spannend sein kann. Und dann wäre da noch Cristiano Ronaldo mit seiner Trophäensammlung im **Museu CR7** (www.museucr7.com) …

Literatur

Unter den Romanen, die auf Madeira spielen, ist „Das Lied der Sturmvögel" von Anna Levin (Blanvalet, 2015). Das toll geschriebene Kinderbuch „Die sanften Riesen der Meere" (dtv, 1991) behandelt den Walfang auf Madeira; auch Erwachsene schauen gerne in den Band.

Notruf

Ambulanz 112
Küstenwache 2 91 23 01 12
Zivilschutz, u. a. Bergrettung 2 91 70 01 12
Pannenhilfe auf der Via Rápida 8 00 29 02 90

Öffnungszeiten

Viele Museen sind Mo. geschlossen, manche So. Geschäfte/Boutiquen haben i. d. R. Mo.–Fr. 10–13 und 14–19 Uhr geöffnet, Sa. 10–13 Uhr. Souvenirläden, Supermärkte und Shoppingcenter sind tgl. geöffnet, teilweise bis 22 Uhr.

Geschichte

1351: Auf einer italienischen Seekarte erscheint erstmals die Bezeichnung Isola di Legname – Holzinsel (port. *madeira* = Holz).
1418: Auf einer von Heinrich dem Seefahrer initiierten Entdeckungsreise erklären João Gonçalves Zarco und Tristão Vaz Teixeira Porto Santo zum Eigentum der portugiesischen Krone.
1419/20: Bei einer zweiten Expedition betreten die beiden Seefahrer auch Madeira.
Ab 1423: Erste Siedler lassen sich nieder, die Brandrodung beginnt; Sklaven arbeiten auf den ersten Zuckerrohrplantagen.
Ab 1440: Beginn des Weinanbaus mit Malvasierreben aus Kreta
1479–1482: Kolumbus lebt auf Porto Santo und Madeira, er heiratet hier.
1852/1872: Mehltau und Reblaus zerstören die Weinernten, viele Insulaner wandern aus.
1860/61 und 1893/94: Kaiserin Elisabeth von Österreich ist einige Zeit auf Madeira.
1914–1918: Portugal steht auf alliierter Seite; deutsche U-Boot-Angriffe auf Funchal.
1921: Kaiser Karl von Österreich wird von den Alliierten ins Exil nach Madeira geschickt.
1933: In Portugal beginnt mit dem „Estado Novo" die Diktatur Salazars.
1960/1964: Die Flughäfen auf Porto Santo und Madeira werden eröffnet.
1974: Die Nelkenrevolution beendet die Diktatur; Madeira wird 1976 Autonomieregion.
2000: Madeiras Flughafen erhält eine längere Landebahn; die „Vía Rápida" und Tunnels schaffen bessere Straßenverbindungen.
2010: Überschwemmungen und Erdrutsche fordern 42 Menschenleben.
2015: Miguel Albuquerque löst den Präsidenten Alberto João Jardim (ab 1978 im Amt) ab.
2016: Schwere Waldbrände zerstören Wälder und Gebäude in Funchal.
2024: Madeira hat die Jahre der Pandemie gut überstanden, der Tourismus boomt.

Reisezeit

„Madeira all year!" (Madeira das ganze Jahr über) – so lautet ein Werbeslogan, und in der Tat hat die Insel ganzjährig ihren Reiz, obschon man, vom Hochsommer abgesehen, jederzeit auch windige oder regnerische Tage erwischen kann. Das Frühjahr bezaubert mit Blüten, Sommer und Herbst erfreuen mit den Badetemperaturen, der Winter ist meist mild. Im Süden scheint die Sonne häufiger.

Sicherheit

Madeira ist ein sicheres Reiseziel. Wie überall sollten Sie jedoch im Gedränge aufpassen, z. B. in der Markthalle von Funchal. Diebstähle melden Sie in der Hauptpolizei in der Rua da Infância 28–32 in Funchal; lassen Sie sich eine Kopie des Protokolls als Nachweis für die Versicherung geben.

Souvenirs

Zu den klassischen Souvenirs gehören Blumen in allen Formen und Farben – seien sie auf T-Shirts gedruckt, als Zwiebel vom Markt oder als Schnittblume in der Flugbox.
Die Madeira-Stickereien *(Bordados da Madeira)* zeigen ebenfalls florale Motive. In den Korbflechter-Werkstätten Camachas wurden die Körbchen geflochten, die in vielen Souvenirläden zu finden sind. Korkprodukte hingegen stammen vom Festland. Auch *bolo de mel* (Honigkuchen) und Madeirawein lassen sich gut mitnehmen (s. Urlaub erinnern, S. 120/21). Poncha, das beliebte Getränk, schmeckt aber am besten frisch vor Ort.

Sport

Die vielen Outdoor-Sportarten ziehen ein aktives Publikum an, v. a. natürlich **Wanderer**. Selten gibt es auf so wenig Raum so vielfältige Wandermöglichkeiten wie hier. Man sollte aber vorher auf der Seite des Tourismusverbands (s. o.) den aktuellen Wegezustand prüfen.
Canyoning: Ausgestattet mit Neoprenanzug, Helm und Kletterausrüstung stürzen Sie sich Wasserfälle hinunter. Es gibt viele Veranstalter (z. B. www.madeira-adventure-kingdom.com), die Touren für Anfänger oder Fortgeschrittene in abgelegenste Bachläufe und Täler anbieten.
Golf: Madeira ist auch Golf-Destination. Nordöstlich von Funchal befindet sich der 18-Loch-Platz **Palheiro Golf** (www.palheirogolf.com). Der 27-Loch-Kurs des **Clube de Golf Santo da Serra** (www.santodaserragolf.com) liegt auf einem Hochplateau südlich von Santo António da Serra. Auf Porto Santo befindet sich die 18-Loch-Anlage des **Porto Santo Golf Clubs** (www.portosantogolfe.com).
Radfahren: Für Freizeitradler ist Madeira nur bedingt geeignet, viele Wege und Straßen sind dafür einfach zu schmal, zu steil und viel zu befahren. Dennoch entdecken immer mehr Mountainbiker und Downhill-Fahrer das Potenzial der Insel (s. S. 115).
Reiten: Geführte Ausritte werden von den Reitställen *(Centro Hípico)* in Santo da Serra und auf Porto Santo angeboten.
Tauchen: Madeiras Südküste hat ideale Bedingungen, v. a. im Meeresschutzgebiet Garajau bei Caniço oder am Kriegsschiff „Afonso Cerqueira" im Parque Natural Marinho do Cabo Girão. Tauchbasen in Funchal, Caniço und Machico bieten Tauchgänge an. Die klaren, recht warmen Gewässer Porto Santos sind ein Tauchparadies, Wracktauchgänge locken.
Paragliding: Für alle, die es in die Lüfte zieht, gibt es in Arco da Calheta eine deutschsprachige Paragliding-Basis (www.madeira-paragliding.com).
Surfen: Für Profisurfer sind Paúl und Jardim do Mar im Südwesten ein Dorado, Anfängern wird von dieser Ecke jedoch abgeraten. Wer Wellenreiten lernen will, ist in Porto da Cruz mit seinen Surfcamps (z. B. http://madeirasurfcamp.com) gut aufgehoben. Auch Stand-up-Paddling (SUP) wird angeboten (z. B. www.madeirasuptours.com).

Übernachten

Preiskategorien

€€€	Doppelzimmer	über 150 €
€€	Doppelzimmer	90–150 €
€	Doppelzimmer	unter 90 €

Von Jugendherberge oder Hostel bis hin zur Luxusherberge – auf Madeira wird jeder fündig, ob in einer Pension, einem Boutiquehotel oder in einer Quinta (einem Herrenhaus). Auch Camping (oder „Glamping") ist möglich. Die Übernachtungspreise steigen in der Hauptsaison (Sommer, Silvester, Ostern, Blumenfest). Gerade auf Porto Santo gibt es enorme Sprünge in den Sommerferien (Juni–Sept.). Die Preiskategorien gelten für ein Doppelzimmer pro Nacht in der Hauptsaison (inkl. Frühstück).

Info

Wetterdaten

	Tages-Temp. Max.	Nacht-Temp. Min.	Wasser-Temp.	Tage mit Nieder-schlag	Sonnen-stunden pro Tag
Januar	19°	13°	18°	8	5
Februar	19°	13°	17°	9	5
März	20°	13°	17°	7	6
April	20°	13°	17°	5	6
Mai	21°	15°	18°	3	7
Juni	22°	17°	20°	2	5
Juli	24°	18°	21°	0	7
August	26°	19°	22°	1	8
September	26°	18°	23°	3	7
Oktober	24°	18°	22°	6	6
November	22°	16°	20°	8	5
Dezember	20°	14°	19°	9	5

REGISTER

Fette Ziffern verweisen auf Abbildungen

Impressum

3. Auflage 2024

Verlag: DuMont Reiseverlag, Postfach 3151, 73751 Ostfildern, Tel. 0711/4502-0, www.dumontreise.de
Geschäftsführer(in): Dr. Stephanie Mair-Huydts, Markus Schneider
Programmleitung: Andrea Wurth
Redaktion: Christiane Wagner (Leonberg)
Text: Sara Lier
Exklusiv-Fotografie: Georg Knoll
Titelbild: Huber Images/Jeremy Flint (bei Boaventura)
Zusätzliches Bildmaterial: S. 18/19 laif/Günter Standl, 28 picture alliance/Klaus Ohlenschläger, 41 picture alliance/robertharding/Frank Fell, 57 Quinta Dos Artistas, 71 Lobosonda, 72/73 Huber Images/Günter Gräfenhain, 87 Shutterstock/Sergiy Vovk, 90 o. l. mauritius images/imageBROKER/Sunny Celeste, 99 u. r. mauritius images/Zoonar GmbH/Alamy/Alamy Stock Photos, 120 l. mauritius images/Alamy/Annalisa Sambolino, 120 r. Shutterstock/Poberezhna, 121 o. l. Shutterstock/Cicero Castro, 121 o. r. Shutterstock/Magdalena Paluchowska, 121 M. picture-alliance/Westend61/Werner Dieterich, 121 u. Huber Images/Luca Da Ros
Grafische Konzeption, Art Direktion: fpm factor product münchen
Cover-Gestaltung, Layout: CYCLUS · Visuelle Kommunikation, Stuttgart
Kartografie: © MAIRDUMONT GmbH & Co. KG, Ostfildern
Kartografie Lawall (Karten für „Unsere Favoriten")
DuMont Bildarchiv: Marco-Polo-Straße 1, 73760 Ostfildern, bildarchiv@mairdumont.com

Anzeigenvermarktung: MAIRDUMONT MEDIA, Tel. 0711/4502-0, media@mairdumont.com, http://media.mairdumont.com
Vertrieb Zeitschriftenhandel: PARTNER Medienservices GmbH, Postfach 810420, 70521 Stuttgart, Tel. 0711/7252-212
Vertrieb Abonnement: Leserservice DuMont Bildatlas, Zenit Pressevertrieb GmbH, Postfach 810640, 70523 Stuttgart, Tel. 0711/7252-265, dumontreise@zenit-presse.de
Vertrieb Buchhandel und Einzelhefte: MAIRDUMONT GmbH & Co KG, Marco-Polo-Straße 1, 73760 Ostfildern, Tel. 0711/4502-0
Reproduktionen: PPP Pre Print Partner GmbH & Co. KG, Köln

Printed in Germany

Urlaub erinnern…

Jeder Urlaub geht einmal zu Ende – was bleibt, sind die Mitbringsel, aber auch die Erinnerungen an Land und Leute, an Aromen und Düfte und an manche Kuriosität.

STEILE INSEL

Fast senkrechte Talwände, steile Terrassenhänge, die Gefahr der Erosion, endlose Serpentinen … Jetzt haben Sie eine vage Idee, wie es sich auf einer Insel mit einer so dramatischen Topografie lebt, wie aufregend Auto- und vor allem Busfahren sein kann und als wie unterschiedlich sich dieselben Distanzen – Luftlinie oder Straßenkilometer – erweisen können.

BLUMENZWIEBELN

Kein Wegesrand und kein Park auf Madeira ohne die lilafarbenen oder weißen Schmucklilien. Die würden sich auch in Ihrem Garten gut machen? Dann nehmen Sie sich doch (z. B. vom Markt) einige Blumenzwiebeln mit! Zu Hause gleich in den Topf (im Winter besser unterm Dach), und ein Jahr später haben Sie Ihre eigene Agapanthus-Pracht!

VERWACKELTE WALE

Auch wenn es auf die Schnelle mit dem Knipsen nicht geklappt hat: Das Bild, wie der Pottwal beim Abtauchen seine Fluke zeigte, hat sich auch ohne Beweisfoto für immer ins Gedächtnis eingebrannt. Auch die Gruppe Delfine, die sich neugierig am Whalewatching-Boot tummelte, ließ sich bei all der Action kaum ablichten. Doch die Erinnerung an die Euphorie und das Glücksgefühl während der ersten Begegnung mit den Meeressäugern ist unvergesslich!

FAMILIÄRER WEIN

Die Insel ist ja hauptsächlich für ihren Madeirawein bekannt. Wer jedoch daheim mit einem richtig guten Tafelwein auf den Urlaub anstoßen will, sollte nach den Weinen von Familie Caldeira aus Seixal Ausschau halten: Auf den vom Opa geerbten Terrassen (daher der Name „Terras do Avô") wachsen die Reben für trockene Rot- und Weißweine sowie den preisgekrönten Sekt.

NATURKOSMETIK AUS ALOE VERA

Sie haben sich auf Madeira einen Sonnenbrand geholt? Oder Muskelkater vom Bergsteigen? Dann nehmen Sie sich eine Tube „Pure Gel" oder „Balsam" der madeirischen Marke Alvedama (http://alvedama.com) mit nach Hause! Die Naturprodukte aus Aloe Vera, zu denen auch Shampoo oder Conditioner gehören, finden Sie sogar in vielen Supermärkten auf der Insel.

PONCHA FÜR ZUHAUSE

So schmeckt Madeira! Man gebe frisch gepressten Zitronen- und Orangensaft (insgesamt 3 cl) in ein hohes Gefäß und verquirle ihn mit etwa 2 cl flüssigem Bienenhonig. Den hölzernen Quirl *(caralhinho)* bringen Sie sich von der Insel mit, den gibt's in jedem Haushaltswarengeschäft. Dann etwa 2 cl Zuckerrohrschnaps (etwa der Marke Branca) unterrühren und genießen! *Saúde*!

»EIN MOMENT FÜR DIE EWIGKEIT: ICH ÜBERWINDE BEIM CANYONING MEINE ANGST UND SPRINGE GUT DREI METER DEN WASSERFALL HINUNTER! NUR SO GELANGT MAN IN DIE TIEFSTEN LORBEERWALDTÄLER …«

Unsere Autorin Sara Lier hat ihre Tipps natürlich auch selbst ausprobiert.

MADEIRA-KRIMI

Vielleicht haben Sie Lust, das Urlaubsgefühl mit den Madeira-Krimis von Joyce Summer zu verlängern? Nach „Mord auf der Levada" und der Avila-Reihe „Madeiragrab" und „Madeirasturm" ermittelt der sympathische Comissário Avila auch in „Madeiraschweigen": Es gilt, den Mörder einer auf dem Gelände eines ehemaligen Nonnenklosters aufgefundenen Journalistin zu entlarven. Dabei spielt übrigens sogar Kaiserin Sisi eine Rolle!

WANDER-WUNSCHLISTE

Ein Madeiraurlaub reicht gerade dazu aus, um einen ersten Eindruck von der Vielfalt der Wanderwege zu bekommen – mit nach Hause nehmen Sie dann eine lange To-do-Liste mit Wanderungen, die Sie gern noch unternehmen würden. Da helfen wohl nur zwei Dinge: wiederkommen und weiterwandern!

HONIGKUCHEN

Der mundet auch an Weihnachten noch und lässt die Erinnerung an den Madeiraurlaub wieder aufleben: der dunkelbraune *bolo de mel* aus Zuckerrohrmelasse, Nüssen, Zimt, Gewürznelken und vielen anderen guten Zutaten. Er ist (in der Verpackung, nicht im Kühlschrank!) monatelang haltbar und herrlich süß und klebrig. Wichtig: nicht mit dem Messer abschneiden, sondern einfach Stücke abbrechen!

GRÜNE FRÜCHTE

Sie haben sich auf Madeira durch die Obstvielfalt probiert und würden gern auch zu Hause noch davon zehren? Auf dem Markt bekommen Sie viele Sorten auch noch so grün, dass sie den Transport unbeschadet überstehen. Besonders gut geeignet sind die Zuckeräpfel *(anonas)* oder auch Avocados *(abacate)*. Oder wie wär's mit ein paar Bananen oder Maracujas? So haben Sie auch noch Tage nach Ihrer Rückkehr den köstlichen Madeirageschmack im Mund!

PRO
GRAMM

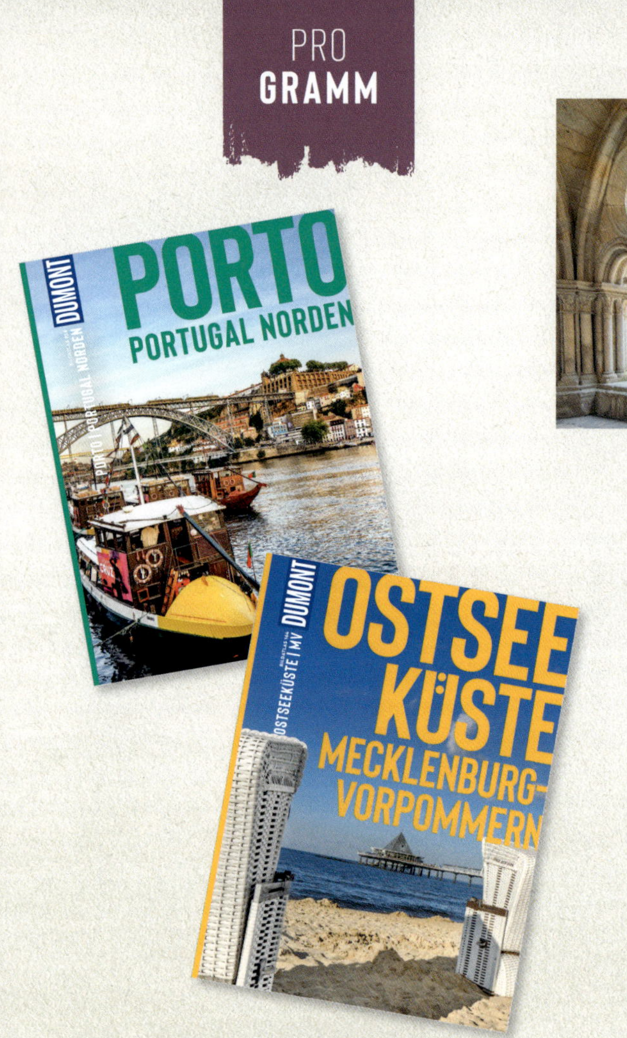

PORTO PORTUGAL NORDEN

Die Schöne am Douro
Lange im Schatten Lissabons hat sich Porto in den letzten Jahren in der ersten Riege der weltweiten Topreiseziele einen Platz gesichert. Und das zu Recht! Sehen Sie selbst!

Mittelalter live
Abseits der Küsten scheint in Nordportugal die Zeit stillzustehen – ein Besuch in den „historischen Dörfern" zwischen Coimbra und Porto ist ein besonderes Erlebnis.

OSTSEEKÜSTE MECK-POMM

Im Zeichen der Hanse
Wir stellen die Stadtschönheiten Rostock, Stralsund, Wismar, Greifswald und Anklam mit ihren Sehenswürdigkeiten ausführlich vor.

Strände ohne Ende ...
... und für jeden Geschmack mit guter Infrastruktur oder ganz naturbelassen. Finden Sie mit Hilfe des DuMont Bildatlas Ihr persönliches Strandparadies.

www.dumontreise.de

LIEFERBARE AUSGABEN

DEUTSCHLAND
207 Allgäu
216 Altmühltal
220 Bayerischer Wald
180 Berlin
162 Bodensee
217 Brandenburg
175 Chiemgau, Berchtesg. Land
237 Dresden, Sächsische Schweiz
152 Eifel, Aachen
157 Elbe und Weser, Bremen
168 Franken
020 Frankfurt, Rhein-Main
112 Freiburg, Basel, Colmar
231 Hamburg
026 Hannover zw. Harz und Heide
042 Harz
023 Leipzig, Halle, Magdeburg
210 Lüneburger Heide
188 Mecklenburgische Seen
038 Mecklenburg-Vorpommern
033 Mosel
190 München
047 Münsterland
223 Nordseeküste Schleswig-Holstein
006 Oberbayern
161 Odenwald, Heidelberg
035 Osnabrücker Land
002 Ostfriesland
164 Ostseeküste Mecklenburg-Vorpommern
154 Ostseeküste Schleswig-Holstein
201 Pfalz
040 Rhein zw. Köln und Mainz
185 Rhön
186 Rügen, Usedom, Hiddensee
206 Ruhrgebiet
149 Saarland
182 Sachsen
159 Schwarzwald Norden
045 Schwarzwald Süden
018 Spreewald, Lausitz
008 Stuttgart, Schwäbische Alb
239 Sylt, Amrum, Föhr
204 Teutoburger Wald
170 Thüringen
037 Weserbergland

BENELUX
156 Amsterdam
011 Flandern, Brüssel
179 Niederlande

FRANKREICH
177 Bretagne
021 Côte d'Azur
032 Elsass
228 Frankreich Südwesten Okzitanien
240 Französische Atlantikküste
019 Korsika
213 Normandie
235 Paris
198 Provence

GROSSBRITANNIEN/ IRLAND
187 Irland
202 London
189 Schottland
227 Südengland

ITALIEN/MALTA/ KROATIEN
181 Apulien, Kalabrien
211 Gardasee
222 Golf von Neapel, Kampanien
163 Istrien, Kvarner Bucht
215 Italien, Norden
233 Kroatische Adria
167 Malta
155 Oberitalienische Seen
158 Piemont, Turin
014 Rom
165 Sardinien
003 Sizilien
203 Südtirol
039 Toskana
232 Venedig, Venetien

GRIECHENLAND/ ZYPERN/TÜRKEI
034 Istanbul
016 Kreta
176 Türkische Südküste, Antalya
229 Zypern

MITTEL- UND OSTEUROPA
236 Baltikum
208 Danzig, Ostsee, Masuren
169 Krakau, Breslau, Polen Süden
044 Prag
193 St. Petersburg

ÖSTERREICH/ SCHWEIZ
192 Kärnten
004 Salzburger Land
196 Schweiz
226 Tirol
197 Wien

SPANIEN/PORTUGAL
043 Algarve
214 Andalusien
150 Barcelona
025 Gran Canaria, Fuerteventura, Lanzarote
172 Kanarische Inseln
199 Lissabon
209 Madeira
174 Mallorca
225 Porto, Portugal Norden
241 Spanien Norden, Jakobsweg
219 Teneriffa, La Palma, La Gomera, El Hierro

SKANDINAVIEN/ NORDEUROPA
166 Dänemark
212 Finnland
153 Hurtigruten
029 Island
200 Norwegen Norden
178 Norwegen Süden
151 Schweden Süden, Stockholm

LÄNDERÜBERGREIFENDE BÄNDE
224 Donau – Von der Quelle bis zur Mündung
112 Freiburg, Basel, Colmar
221 Kreuzfahrt auf der Ostsee

AUSSEREUROPÄISCHE ZIELE
183 Australien Osten, Sydney
109 Australien Süden, Westen
218 Bali, Lombok
195 Costa Rica
234 Dubai, Abu Dhabi, VAE
160 Florida
205 Iran
027 Israel, Palästina
230 Kalifornien
031 Kanada Osten
191 Kanada Westen
171 Kuba
238 Marokko
022 Namibia
194 Neuseeland
041 New York
184 Sri Lanka
048 Südafrika
012 Thailand
046 Vietnam